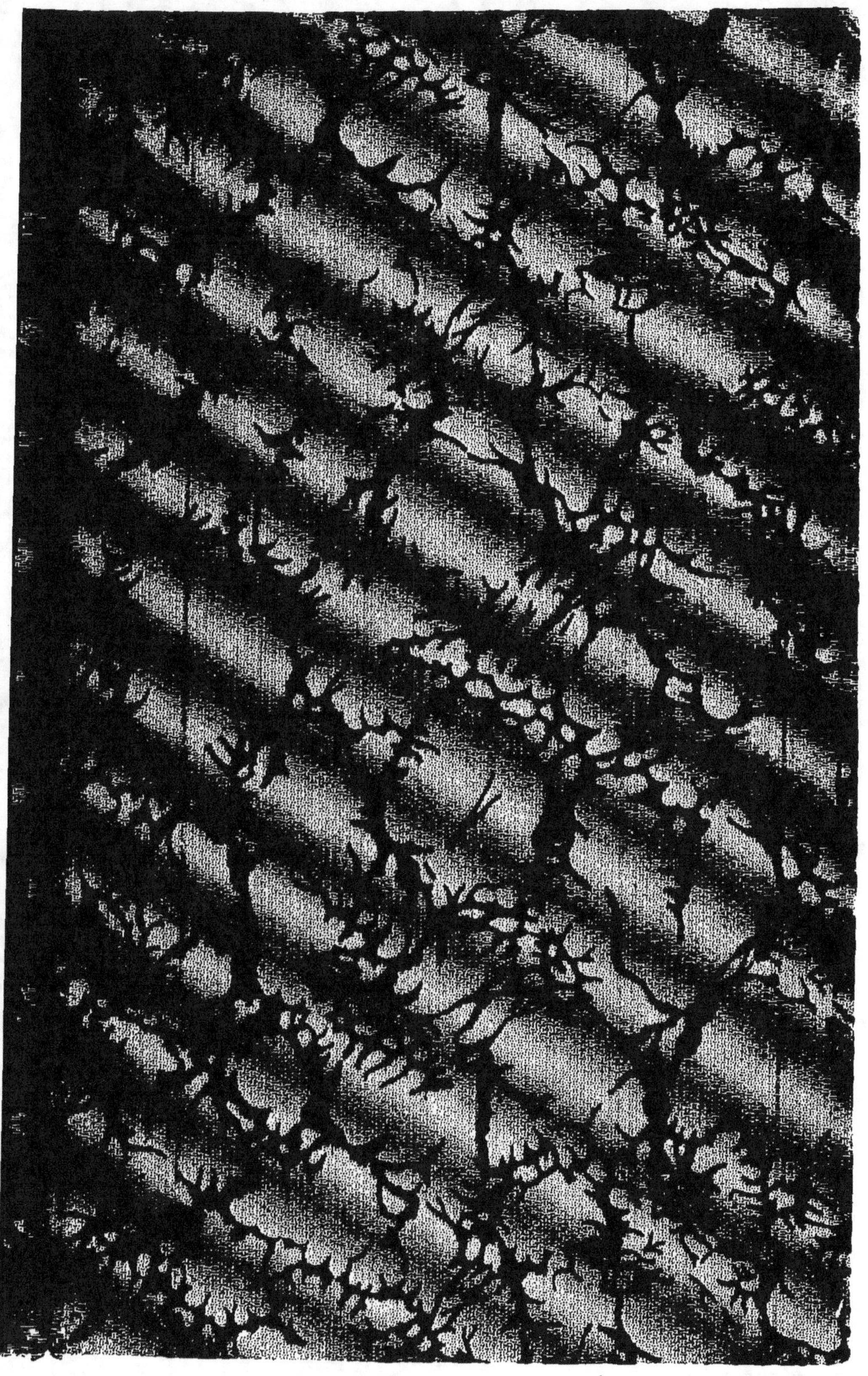

CHEZ
LA REINE DE SABA

Chronique Éthiopienne

« Je suis belle si je suis noire. »

Cantique des Cantiques

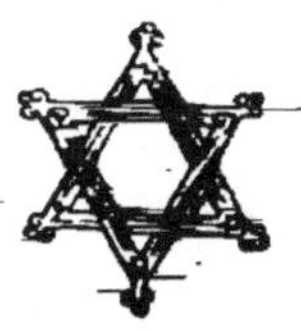

PARIS

ERNEST LEROUX, ÉDITEUR

28, RUE BONAPARTE (VIᵉ)

1914

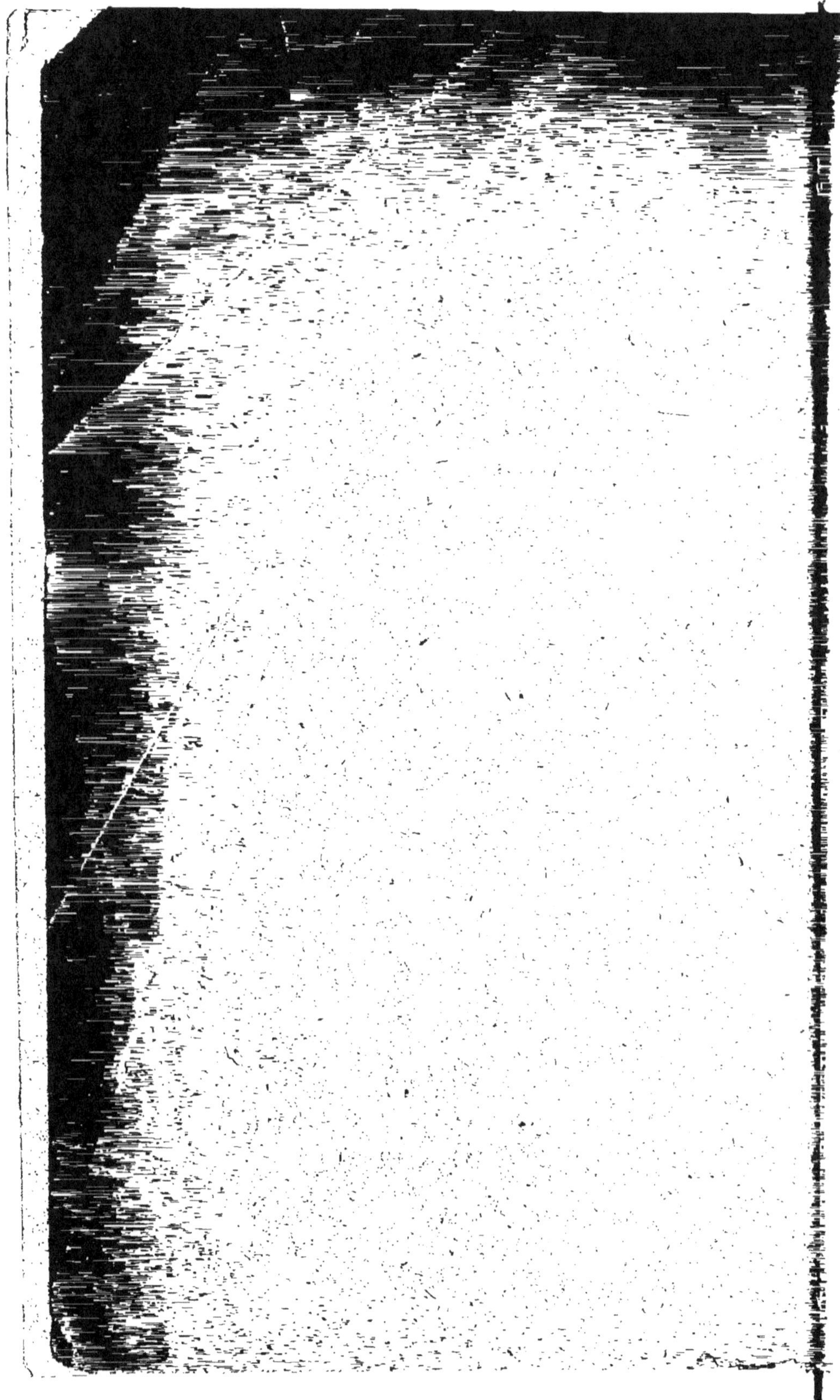

CHEZ LA REINE DE SABA

DU MÊME AUTEUR

MAKEDA

REINE DE SABA

Chronique Éthiopienne

Traduite pour la première fois du « ghéez » en français d'après un manuscrit appartenant
A Leurs Majestés les Négus d'Éthiopie.

Un volume format in-4° raisin (33 × 25) d'environ cent pages de texte encadrées. Orné de vingt-quatre planches en photogravure Goupil, tirées en taille-douce, dont : 1° Six hors-texte et un en-tête en couleurs en fac-similé des originaux, peints par GEORGES BARBIER ; 2° six hors-texte en camaïeu, d'après les dessins de MICHEL ENGUEDA-WORX, artiste éthiopien ; 3° onze en-têtes en camaïeu, d'après les dessins de LOUIS POPINEAU ; et de douze culs-de-lampe reproduits au trait, d'après les dessins de LOUIS POPINEAU, soit, au total 36 gravures.

JUSTIFICATION DU TIRAGE

Il a été tiré de ce livre CENT EXEMPLAIRES, numérotés à la presse de 1 à 100 en chiffres arabes, sur papier de Hollande à la forme Van Gelder Zonen.
Prix de l'exemplaire contenu dans un carton spécial . . . . 500 francs.

GOUPIL et Cⁱᵉ, Éditeurs-imprimeurs.
MANZI, JOYANT et Cⁱᵉ, Éditeurs-imprimeurs, successeurs
24, boulevard des Capucines, Paris.

HUGUES LE ROUX

CHEZ
LA REINE DE SABA

Chronique Éthiopienne

« Je suis belle si je suis noire. »
Cantique des Cantiques.

PARIS
ERNEST LEROUX, ÉDITEUR
28, RUE BONAPARTE (VIᵉ)

—

1914

CHEZ LA REINE DE SABA

CHRONIQUE ÉTHIOPIENNE

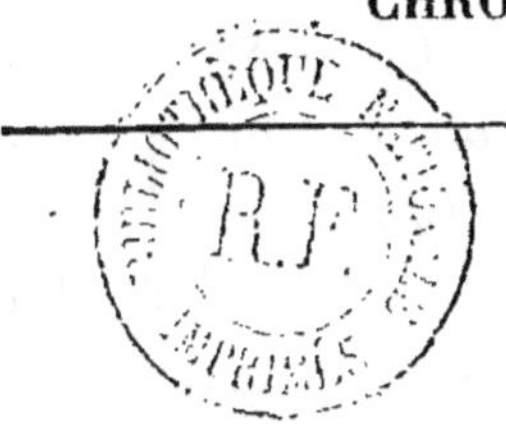

AVANT-PROPOS

Depuis que son nom a été prononcé pour la première fois, il y a trois mille ans, la Reine de Saba n'est jamais sortie de la mémoire des hommes. Des intérêts religieux et politiques l'ont, tour à tour, exaltée et puis diffamée. Au gré de l'heure, on l'a représentée comme une femme philosophe, comme une courtisane hardie, comme une magicienne. On lui a donné des sosies; des points opposés de l'horizon ils s'acheminent vers Jérusalem avec des visages de couleurs différentes, voire avec des pieds d'oie et des sabots de chèvre.

De ces contradictions une évidence se dégage. Si la Grèce a gardé le reflet d'Hélène et la Méditerranée le nom de Cléopâtre, la région mystérieuse où le monde africain et le monde asiatique se touchent s'est révélée dans le récit mi-légendaire, mi-historique, qui associe les souvenirs du Roi Sage et de la Reine Amoureuse.

Chaque contrée impose au type de femme qu'elle façonne une intensité particulière. La sensibilité du Nord se mire dans cette brume de découragement où Ophélie s'efface. L'innocence impersonnelle de Marguerite est broyée entre une obéissance instinctive aux appels de la nature, et les rigueurs de la convention sociale. Lucrèce Borgia, politique et jalouse, tue ce qui fait obstacle à sa passion ou à son ambition. Autant d'élans qui finissent dans la mort. Par contre, pour la Française, l'amour, c'est la vie, — la vie dès ici-bas aménagée comme dans un Paradis Terrestre.

Il était peut-être réservé à Israël, à qui la Reine de Saba se rattache dans les pages que l'on va lire, de produire la femme amoureuse, éprise à la fois d'un homme et d'un Idéal.

Privée de ce qu'elle a de spirituel, cette aventure de la Reine de Saba et de Salomon serait une fable banale. Ce ne sont, d'autre part, ni la tradition que la Reine incarne ni le sacrifice qu'elle consent qui l'imposent à nous. Ce qui nous émeut au travers de la passion qui la possède, c'est le triomphe de son âme, dans la douceur de l'amour auquel elle s'abandonne, c'est l'éveil de son espoir aux certitudes de la vie éternelle. Elle avait adoré le Soleil, la Nature. Elle adorera Celui qui a créé le Monde. Salomon féconde à la fois sa chair et son esprit. Vierge et Reine dans un pays où les femmes ont toujours régné, elle transmettra le sceptre à son fils avec la croyance qu'un homme lui a inspirée.

Au moment où, avec une violence que l'on regrette, les mœurs modernes insistent sur les inévitables oppositions des sexes, on prend plaisir à remettre en lumière cette histoire d'une femme que son simple amour pour un homme et sa foi parfaite en un Dieu rendent immortelle.

CHAPITRE PREMIER

LE PAYS DES MÉTIS

I

J'AVERTIS ceux qui, en ma compagnie, chemineront au travers de cette chronique éthiopienne : le guide qu'ils vont suivre n'est pas un érudit. Seulement un chasseur, un voyageur de l'école du bon Hérodote, contant, sans parti pris, ce qu'il a vu, répétant ce qu'il a entendu. Aux savants techniques de choisir entre les traditions et les documents qu'on leur apporte; à eux de les grouper en systèmes qui ne respectent pas toutes les conclusions de leurs devanciers, qui ne s'imposeront pas sans retouches aux inductions de leurs successeurs.

Sans sortir de la modestie qui convient à un homme de route, je remarque que, au cours d'une vie moyenne, j'ai assisté au total effondrement de la Légende. Je l'ai vue s'écrouler dans l'éclat de rire de la critique positiviste. On la saccageait avec une espèce de rage. On ne lui savait même plus gré de sa grâce poétique. Elle avait, paraît-il, été trop nuisible. Après cette éclipse, avec tous les enfants, tous les jeunes gens de ma génération, j'ai marché dans les chemins desséchés de la critique pure. Je ne dis pas que cette discipline ne nous a pas été bienfaisante, mais, à la façon d'un traitement dont le malade s'affranchit après la convalescence.

Sur la fin de cette longue journée, avant que pour moi et pour ceux de ma génération la nuit se refasse, le rayon doré de la Légende, son azur, ses pourpres, réjouissent à nouveau les grisailles de notre ciel. On s'avise que l'on a eu tort de fermer les yeux toutes les fois qu'elle éclairait l'horizon, de se boucher les oreilles toutes les fois qu'elle chantait sur les lèvres de la foule. On recommence à convenir qu'il y a de la vérité dans ses réminiscences d'aïeule. On reconnaît que la tradition colportée enferme peut-être autant de vérité que les chartes, les inscriptions, les parchemins. S'ils sont la lettre, elle est l'esprit.

N'est-ce point d'hier qu'en traitant par les procédés de la science moderne les poussières de la mine, nos prospecteurs tirent souvent plus d'or que de la poursuite du filon ?

Je ramasserai ici sans critique cette poussière de la Légende Dorée et je demanderai à nos savants de l'analyser encore une fois.

Toutes les chances de connaître la vérité sur les origines des peuples qui se développèrent entre la Mer Rouge et le Nil ne tiennent point peut-être dans des hypothèses un peu surannées. N'at-on pas commis une injustice en écartant à priori le témoignage que les Ethiopiens rendent sur euxmêmes, dans ce procès historique, où, si souvent, en l'absence de documents irréfutables, il faut se contenter de recueillir la tradition et de la filtrer ?

Le Royaume d'où la tradition éthiopienne veut que sa Reine soit descendue pour aller à Jérusalem saluer le Roi Sage se révèle d'abord au visiteur comme un lieu prédestiné.

Entre les vallées de la Mer Rouge et des Nils, l'Éthiopie prend la figure heureuse d'un château d'eau qui, au-dessus des marais et des déserts, monte, superbement, vers le ciel.

Trois secousses sismiques l'ont constituée en trois étages. A trois mille mètres d'altitude s'épanouissent les villes : la capitale elle-même, cet Addis-Ababâ dont le nom signifie « Nouvelle Fleur ».

Deux termes fixes, la latitude équatoriale qui impose la chaleur, l'altitude alpestre qui apporte le rafraîchissement, combinent ici leurs effets pour attribuer à cette terre de prédilection les vertus de trois serres superposées. Au pied du plateau, c'est la serre chaude ; à la hauteur des pays gallas, la serre tempérée ; en haut, la serre froide.

Trois fleuves, nés des brouillards de l'Océan Indien, tout chargés de la lente désagrégation d'une roche très ferrugineuse, coulent sur les flancs de cette Suisse africaine : le Nil Bleu s'échappe dans l'orientation d'un Rhin; il va vers la Méditerranée; l'Aouache ruisselle vers l'est, dans le départ d'un Danube; l'Omo fuit au sud vers les grands lacs, comme notre Rhône vers la mer provençale.

Façonnée pour être nourricière d'hommes et de chevaux, cette forteresse montagnarde est sûrement apparue à ceux qui, les premiers, l'escaladèrent, sous les apparences d'une Terre Promise.

III

CE n'est pas impunément que d'une telle hauteur l'homme contemple de tels paysages, et que, dans les richesses de la nature qui l'entoure il trouve une occasion de remercier cette « Immense Bonté, qui tombe des étoiles ».

Quels qu'aient été les aïeux de cette Reine si sage, si tendre, elle a contemplé de ses yeux les montagnes que j'ai vues, ces vallées, à l'aurore pleines de lumière bleue, ces prairies chargées de troupeaux domestiques et sauvages, ces fleuves qui font ruisseler la fécondité, ces lacs qui reflètent le ciel.

De tels spectacles ont un double effet sur l'âme : ils l'affranchissent des inquiétudes trop pesantes qu'impose à des peuples moins favorisés la conquête du pain de chaque jour; et puis, dans un détachement facile des préoccupations trop matérielles, ils donnent à la pensée comme au cœur plus de loisir pour s'attacher aux conquêtes spirituelles.

[10

C'est sans doute le cas de rappeler qu'il convient de distinguer les peuples qui vivent de l'idée de « patrie » d'avec ceux qui évoluent dans le concept de la « race ».

Typiquement les Anglo-Saxons ont trouvé dans la formule de la race leur force d'expansion et les raisons de leurs supériorités. Une terre incapable de les nourrir leur sert de berceau. Dès l'enfance ils rêvent aux possibilités de la quitter pour leurs affaires, au moins pour leurs plaisirs. Et ils vont travailler dans le monde au triomphe de la race anglo-saxonne.

Au contraire une « patrie », c'est une « terre d'aboutissement ». Peu importe que ceux qui, à des heures anciennes de l'histoire, se sont établis sur ce sol, y soient venus, eux aussi, en immigrants. Dès qu'ils ont goûté à la douceur de la terre vers laquelle leur humeur vagabonde où quelque cataclysme les avaient portés, ils perdent tout désir de connaître des lointains nouveaux. Comme des nourrissons, ils s'étendent contre le sein de cette bonne mère. Ils sucent son lait. Ils se laissent transformer par sa substance, modeler par ses caresses. A côté de leurs berceaux ils veulent leurs tombeaux. L'amour succède à la violence. Le rêve des créations durables remplace l'ancienne passion pour le rapt et pour la destruction. Les heures de la civilisation sont commencées. Une clarté s'allume qui d'abord éclairera les habitants de cette terre bénie, et puis l'Humanité.

C'est ainsi que la France s'est formée, ainsi qu'elle est aimée, d'une tendresse qui, comme le veut la pensée catholique dans le mystère de sa communion, comporte l'union intime et totale avec l'idéal recherché.

De la même façon l'Éthiopie est une « patrie ». De la même façon elle a été aimée par sa Reine, de la même façon elle est encore chérie par ces hommes dont j'ai fait mes compagnons.

IV

C'est dans la Mer Rouge, à travers les voiles d'un boutre arabe, que cette patrie montagnarde m'est apparue pour la première fois.

Le musulman qui tenait la barre étendit le bras vers le couchant. Autour des lèvres il avait un pli de dédain.

Il dit :

— Ça ?... C'est le pays des Habech.

C'est-à-dire des « métis ».

L'épithète d' « Abyssins » que les descendants de la Reine de Saba et du Roi Salomon écartent pour se désigner eux-mêmes sous le nom d' « Éthiopiens » découlerait de cette flétrissure.

Je sais que de notoires philologues haussent les épaules quand on soumet à leur verdict cette étymologie pittoresque. Le fait que précise cette anecdote doit, en tout cas, être retenu. Il reflète le dédain que des hommes vivant, comme les Arabes, des disciplines de la race pure, professent pour des voisins qui, d'eux-mêmes, placent une bâtardise à l'origine de leurs sources ethniques et religieuses.

V

QUE de fois en voyant passer, avec une charge sur leurs têtes, ces femmes si libres, si fières, que l'on croise dans les chemins, quand de la Mer Rouge on monte vers le Haut Plateau, je me suis demandé :

— A laquelle de ces coéphores a-t-elle ressemblé la « Belle à la figure noire » que Salomon aima ?

Le fait est qu'il est plus malaisé d'établir la qualité et la date des immigrations humaines dont ces plateaux ont reçu les apports que de dresser la carte géologique de l'Éthiopie elle-même à travers les sursauts que lui imposa le feu.

Il suffit toutefois à un chasseur de dévisager les hommes qui forment son escorte, et puis les gens qu'il croise dans les pistes, pour démêler que les Éthiopiens proprement dits ne diffèrent pas seulement par la langue, mais par la race, des peuples qui, du sud au nord, de l'est à l'ouest, encerclent ce plateau.

J'ai vécu dans la camaraderie des grandes chasses avec les Somali-Issas ; je les ai visités dans le Somaliland anglais ; j'ai été frappé de leur parenté avec les Hindous (1). Et aussi bien n'est-ce pas sans raison que l'on a donné le nom d'Océan Indien à la mer qui, dans ces parages, relie les littorals de deux continents.

Pour les Danakils qui forment un État tampon entre les pays somalis et la montagne éthiopienne, comment les rattacher avec sécurité à une origine définie ? On évoque à leur sujet le souvenir de ces Hyksos, dans lequel d'aucuns croient apercevoir des Chananéens égyptianisés. Ceci est sûr : comme s'ils entretenaient un souvenir atavique, ces pasteurs continuent à décolorer leurs cheveux avec de la chaux. Ils ont la volonté de se rendre blonds ou roux. Leurs femmes sont coiffées à la mode des sphinx. Leur sommaire mobilier rappelle quelques-uns des objets qui furent les plus familiers aux sujets des Pharaons. Et, peut-être, surnage ici un débris de ces migrations qui, successivement, couvrirent l'Égypte, puis se fondirent dans le Nil.

Pour les Gallas qui, du sud-est à l'ouest-nord-ouest, cerclent, à mi-hauteur, la montagne éthiopienne, verrons-nous les modernes historiens des

____

(1) Les Aberaouals, en particulier, avec leurs formes séduisantes, douteuses, rappellent les Cingalais.

Celtes les rattacher un jour à la poussée des hommes blonds venus de l'Ouest, qui suivirent les vallées du Pô, celles du Danube, franchirent le Bosphore, et allèrent jeter leurs filets dans le lac de Tibériade ? Cette hypothèse a été émise par un missionnaire, d'ailleurs fort renseigné sur le compte des gens dont il raisonnait, et elle a fait sourire les philologues. Ceci est sûr : les visages de ces Gallas rappellent les traits des paysans des contrées gallo-romaines plutôt que ceux des sémites bédouins ou Beni-Israël.

Quand les prisonniers italiens entrèrent en contact avec ces rustres d'Afrique, des unions se nouèrent, fécondes, dans un attrait réel. Les Gallas sont d'ailleurs pasteurs et cavaliers. Ils ne témoignent d'aucune des aptitudes administratives, politiques et financières, qui apparaissent si remarquables chez les Éthiopiens proprement dits. Ils étaient prédestinés à être conquis par les maîtres des Hauts Plateaux. Leur courage n'était pas de qualité inférieure, mais à une bravoure notoire ils mêlent ces penchants anarchiques dont parle César quand il juge les Gaulois et quand il énumère les raisons qui causèrent leur défaite.

Enfin, s'il est des peuples avec lesquels les Éthiopiens n'ont aucune parenté quelconque, ce sont bien ces farouches nègres Béni-Changouls dont j'ai exploré l'habitacle en 1901.

La hideur de ces monstres aux faces à peine

humaines, est si repoussante, que leurs femelles elles-mêmes ont été refusées par les vainqueurs toutes les fois qu'une razzia a fait des prisonniers, sur le bord des marais où les Beni-Changouls vivent, nus, logés dans les arbres, exclusivement nourris de rats que le soleil boucane.

VI

C'est sur le plateau le plus élevé, là où, maîtres de la hauteur, vivent les Éthiopiens proprement dits que j'ai rencontré celles qui peuvent prétendre à l'honneur d'avoir servi par les mains de leurs aïeulles l'Amoureuse de Salomon. A travers les accidents du métissage, des apparences, très fixes et très caractéristiques, se dégagent de leur aspect.

Les variétés les plus en relief du masque bien connu d'Israël se manifestent ici dans le dessin des visages.

Je ne songe pas à ces types d'Israélites européens que des milieux tels que la Russie, l'Allemagne, la France, l'Espagne ont façonnés ; je pense aux Beni-Israël que j'ai rencontrés dans l'Afrique méditerranéenne, — par exemple, à Tougourt, où des Juifs qui, depuis plus d'un demi-siècle, ont renoncé au mosaïsme, continuent de se marier entre eux.

Cette présence sur la montage éthiopienne d'Israélites qui reproduisent avec tant de pureté les types originels de leur race peut s'expliquer de deux façons : par une immigration relativement récente (1), ou par la version que nous apportent les Éthiopiens eux-mêmes.

Il s'agirait dans ce dernier cas de la fécondation par un large afflux de sang jacobélite, des peuples qui habitaient primitivement autour des sources du Nil Bleu. La vague en aurait déferlé sur le Haut Plateau au moment même où le gros des Beni-Israël quittait l'Egypte sous la conduite de Moïse. Il resterait encore en Éthiopie des représentants de cette colonisation archaïque. Le mot d'ordre serait de faire le silence sur leur existence, sur leurs pratiques. Abadie semble les avoir ignorés. Je répéterai à leur sujet ce que le Ras Makonnen me confia dans une minute d'expansion.

(1) La présence encore aujourd'hui persistante dans la région tigréenne de familles israélites qui n'ont pas adopté le christianisme au moment où l'Éthiopie et ses négus passaient à la loi de Jésus et qui pratiquent le mariage « intérieur », n'a certainement rien à voir avec ce problème des origines juives des sujets de Ménélik.

Ces Israélites tigréens, dits « fellachas » sont venus s'installer dans cette Suisse africaine à une époque relativement récente.

L'attention que j'ai rappelée sur eux à la suite de mon premier voyage à Addis-Ababâ, n'a peut-être pas été étrangère à une mission, entreprise depuis, en Éthiopie, aux frais de l'Alliance Israélite Universelle, par le Grand Rabbin de Constantinople. Les conclusions du rapport de cet érudit technique ne contredisent rien de ce que l'on savait de l'insertion relativement récente du groupe des fellachas dans la nation éthiopienne.

VII

Le Ras Makonnen apercevait dans ces Éthiopiens archaïques les directs ancêtres de la Reine de Saba. Il les logeait dans la région du lac Tzana. Avec ses compatriotes il les désignait sous le nom de « Kemant » pour lequel il acceptait cette traduction : les « aïeux ».

J'avais profité d'un séjour qu'il fit à Addis-Ababâ en 1904 pour l'interroger sur les origines de son peuple. Seul peut-être parmi les siens il pouvait raisonner d'un tel problème du double point de vue éthiopien et européen.

— Ces « Kemant », me dit-il, sont les descendants de ces Fils de Jacob qui, pendant leur séjour en Égypte, étaient tombés dans le culte des faux dieux. Après le départ de Moïse ces idolâtres crurent qu'en raison de leur apostasie, ils pourraient se maintenir dans le Delta. Mais, en quittant la « Maison de l'Esclavage », les Israélites avaient surexcité la haine populaire. On leur attribuait les maux, — les « plaies », — dont bêtes et gens étaient ravagés. De leurs péchés, vrais ou imaginaires, on rendit responsables les frères rénégats qu'ils avaient laissés derrière eux (1). On s'acharna sur ces étrangers avec la volonté de les détruire. Eux s'enfuirent, non pas du côté de la Mer Rouge qui, sans doute, ne se serait point rouverte pour leur livrer passage, mais vers la Haute Égypte. Ils remontèrent le Nil. A la bifurcation des deux cours d'eau ils suivirent le Fleuve Bleu. Ainsi ils arrivèrent jusqu'à sa source éthiopienne, au lac Tsana. C'est là qu'ils habitent encore. Ils se marient entre eux. Ils n'ont pas fini d'adorer Osiris et Isis.

Lors de mon voyage au Ouallaga, j'avais eu l'occasion de toucher du doigt la rigueur avec laquelle, depuis sa conquête récente, l'Éthiopie traite le paganisme des Gallas. Je ne pus m'empêcher d'exprimer au Ras mon étonnement que, si près de son trône, Ménélik tolérât chez des sujets peu nombreux, certainement inoffensifs, une idolâtrie si caractérisée.

Le Ras me répondit avec une nuance d'hésitation :

(1) Peut-être faut-il voir dans ces Israélites demeurés en Égypte, qui, selon la tradition éthiopienne, avaient pris femmes « le long du Nil », le clan des « Josefel » ou « Beni-Joseph ». Accueillis avec faveur par les dynasties hittites, ils auraient plus ou moins abandonné la vie pastorale et noué des relations commerciales avec les habitants du Haut Nil.

— Nous touchons ici à la tradition même de nos origines. Dans ces « Kemant » qui montèrent d'Égypte pour échapper à un massacre, l'Empereur lui-même ménage, sans trop se l'avouer, nos directs aïeux. C'est par eux que nous descendons des Enfants de Jacob; par eux que fut constitué sur cette montagne un royaume qu'ils organisèrent d'après les traditions religieuses et d'après les symboles qu'ils avaient rapportés d'Égypte. Enivrés de la beauté de la terre qu'ils venaient de découvrir, ils s'attachèrent d'un amour jaloux au principe femelle de la Vie. En lui, comme les Égyptiens, ils aperçurent la source de toute fécondité. Ils voulurent être gouvernés par les Reines-Vierges qui, pour eux, reflétaient sur le trône, l'image de l'Isis. Successivement ils placèrent auprès de ces reines des intendants mâles qu'ils appelaient les « Chefs des Commerçants ». Ces personnages avaient la haute main sur la gestion des affaires temporelles. Et quatre cents années passèrent ainsi au cours desquelles l'Éthiopie se fonda dans une grande paix et dans une grande prospérité (1). Nos aïeux n'oubliaient pourtant pas leurs

(1) Ce vide historique de quatre cents années que le Ras Makonnen franchit si aisément, n'est pas un accident particulier à l'histoire d'Éthiopie. Renan dit, en effet, des époques qui correspondent à l'objet de ces études dans son *Histoire d'Israël :* « Tout est douteux en ces temps reculés pour lesquels Israël n'a que des légendes et des malentendus » (*Hist. du peuple d'Israël*, t. I, p. 139). C'est par rai-

origines jacobélites. Ils conservaient un vif désir de savoir ce qu'étaient devenus après le passage de la Mer Rouge ceux de leurs sang qui avaient suivi Moïse en Asie. Leur curiosité se rencontra avec les intentions de Salomon. Ce grand politique voulait attirer dans l'orbite de son influence des peuples nombreux. Il avait fait publier aux limites de son monde qu'il paierait au double de leur prix les matériaux précieux qu'on lui livrerait pour la construction du Temple. Même avec la lenteur que les nouvelles mettaient alors à se propager, peu de mois suffirent pour que, par la Mer Rouge, l'Érythrée, le Tigré, une telle indication parvînt aux oreilles des nôtres. Ils avaient à fournir de l'or, du bois de cèdre, de l'ivoire. Surtout ils voulaient profiter de l'occasion pour renouer avec les parents perdus qu'ils se connaissaient du côté de l'Est. La Reine qui régnait alors sur le plateau d'Éthiopie se nommait Makeda. Bien entendu, comme le font encore aujourd'hui les Kemant, elle adorait Isis. Elle dépêcha vers Salomon le Chef de ses Commerçants. Celui-ci, au retour de son voyage, décrivit de façon si entraînante les miracles dont il avait eu le spectacle, que la Reine rêva de se rendre elle-même à Jérusalem. Elle accomplit le projet qui lui était si cher. Elle vit

sonnement, « les textes étant contradictoires et d'ailleurs dénués de valeur historique », que Renan évalue à la durée d'un siècle le séjour d'Israël en Égypte (*Id.*, p. 142).

Salomon. Elle l'aima. Elle revint grosse de ses œuvres. Elle mit au monde un fils, l'aïeul de notre Ménélik, auquel elle donna le nom de Baïna-Lekhem, c'est-à-dire « Fils du Sage ». C'est là une histoire dont vous avez des notions. Je souhaite que l'occasion vous soit un jour donnée de la connaître en son entier, car elle est l'expression de la vérité, et de la vérité ne peut sortir que le bien.

VIII

Ceux qui ont connu le Ras Makonnen et franchi le rempart de timidité derrière lequel cet intrépide soldat se murait dans la causerie savent que sa vie spirituelle fut intense. Cette noble disposition s'alliait malheureusement chez lui à des accès de scrupules dont le caractère était presque maladif.

Regretta-t-il, au lendemain de notre entretien, de m'avoir si librement découvert sa pensée sur un sujet qui en Éthiopie n'est pas seulement le fondement de la religion mais tout le soutien de la politique ?

Je ne réussis plus par la suite à mettre l'entretien sur le compte des Kemant. Il semblait avoir oublié leur existence. En revanche il prenait plaisir à me faire toucher du doigt les raisons morales que les Éthiopiens invoquent à l'appui de la tradition qui les rattache à des Israélites échappés d'Égypte et montés sur le Haut Plateau par le chemin des Nils.

Au cours de ces causeries, le Ras se plaisait à laisser transparaître son érudition des choses sacrées. Tout comme notre grand Condé, cet homme de guerre avait poussé loin sa culture théologique.

Et aussi bien la théologie est-elle la seule gymnastique de philosophie et la seule école de politique léguée par le byzantinisme à ses clients de cette banlieue d'Afrique.

IX

SANS doute, me disait le Ras, nos aïeux avaient
commis le crime de s'adonner aux cultes
égyptiens. Ils avaient péché par politique autant
que par faiblesse. Mais, sous cette écorce de mensonge, ils conservaient, croyez-le bien, la pure
doctrine des patriarches. Ils sont toujours demeurés étrangers au culte de Jahvé. Ils ont ignoré
cet égoïste Protecteur d'Israël qui se fait cruel
dans l'intérêt de son peuple favori. L'élan qui
obligea cette Reine éthiopienne, dont je vous par-
lais naguère, à venir trouver Salomon, fut, en vérité, la mémoire, conservée au fond des cœurs, de
cet Elohim, absolu, simple, juste, universel, Roi
et Providence de l'Univers, que, dans les contem-
plations de leurs nuits, les patriarches avaient
aperçu derrières les étoiles. Qu'est-ce qu'une Reine
d'Éthiopie et son peuple auraient eu à faire d'un
Dieu étroitement national comme le fut Jahvé ?
Ce qui passionnait les nôtres dans la tradition qui

leur était restituée, c'était le noble idéalisme, la tradition du Grand Dieu, du Père Universel, que Jésus, plus tard, devait nous rapprendre à invoquer dans son oraison dominicale.

Et, avec une flamme dans ses yeux de Christ byzantin, le Ras concluait :

— Ceci est la double grandeur de l'Éthiopie : dès ses origines elle chérit passionnément la Vérité. Elle aime la Vérité plus que son idolâtrie égyptienne, plus que la révélation dont Salomon la gratifie quand il initie la Reine Makeda aux mystères de son Arche d'Alliance. Lorsqu'au troisième siècle de notre ère Frumentius vient lui apporter la parole chrétienne, elle consent tout de suite à se détacher du Dieu que l'on enferme dans un tabernacle afin d'adorer le Dieu que l'on porte dans son âme. Elle voit dans la Rédemption de Jésus s'accomplir les promesses d'Elohim. Puisse-t-elle rester fidèle à cette Vérité définitive sans négliger pourtant les progrès dont j'ai eu le spectacle au cours de mes voyages en Europe et dont notre Négus est si résolument épris !

X

Les Européens qui, dans les vingt-cinq dernières années, sont montés sur le Haut Plateau, ont eu sous les yeux l'illustration vivante de ce double état d'âme salomonesque et évangélique dans lequel le Ras Makonnen apercevait la grandeur particulière de sa nation. Ils ont contemplé le Négus Ménélik, roi très chrétien, rendant la justice suprême, la Bible en main, dans les termes mosaïques du code de « la dent pour la dent. »

J'ai eu la curiosité d'aller au delà de cet impressionnant spectacle. Je me suis fait commenter les premières pages de ce code éthiopien qui, dans ses traits essentiels, reproduit le Code Justinien. Elles gardent la trace de l'émotion qui assaillit les Négus lorsque, après leur conversion au christianisme, ils se demandèrent, avec un grand trouble, si, afin de se conformer à la Loi de Jésus, il leur fallait renoncer au droit de punir.

Dieu seul pouvait répondre à ces angoisses de conscience.

[30]

Dans la préface que les Éthiopiens ont ajoutée au Code byzantin le Saint Esprit apparaît à une assemblée d'évêques. Il les charge d'informer les Chefs des Peuples que la Loi du Pardon est encore un idéal. Elle ne peut être appliquée en toute occasion dans les affaires de ce monde. Il convient de la réserver pour les rapports privés, entre chrétiens, entre frères. En attendant que les hommes deviennent meilleurs, le droit public est encore obligé d'appliquer aux délinquants la vieille formule du Code mosaïque.

XI

CE serait méconnaître cet amour de la vérité la plus haute qui, il y a trois mille ans, mit la Reine Makeda dans le chemin du pèlerinage et dont les fils de ses fils sont restés possédés, qu'apercevoir un compromis hypocrite dans cette adhésion au pardon privé, sous la réserve d'une impitoyable rigueur de la loi publique. Dans l'âme de chaque Éthiopien se continue ce débat moral qui fit hésiter les Négus du troisième siècle au seuil de leur conversion.

Que de fois, sans sortir de mon camp, j'ai assisté à cette scène :

Une querelle s'était produite entre mes soldats, les couteaux avaient brillé, le sang avait coulé. Le blessé m'apportait sa plaie.

Il me disait :

— Tu connais notre loi ? Œil pour œil...

La journée ne finissait point sans que le même homme revînt, cette fois entouré des plus vieux d'entre ses compagnons. De loin, l'aspect de la pe-

tite troupe avait une allure solennelle qui m'aver-
tissait du but de la démarche.

Et le plus âgé disait :

— Tout à l'heure notre frère a réclamé son droit,
— mais nous l'avons rappelé à lui-même. Nous ne
poursuivons plus la Vengeance : nous sommes
les Gens de la Rémission. Celui qui a été offensé
vient te dire qu'il pardonne.

Cette maîtrise des passions de revanche descend de l'Élu de Juda sur ses peuples.

Nul ne s'étonnera que les vainqueurs d'Adoua
aient tout d'abord pris plaisir à commémorer le
souvenir de leurs succès. Aussi bien le hasard a-
t-il voulu que la date de cette bataille correspon-
dît avec les retours de la fête de saint Georges, qui
est le patron militaire de l'Éthiopie. Or il arriva
qu'au moment où l'Italie reprenait avec le Négus
des rapports diplomatiques l'officier distingué
qui venait représenter son pays en Éthiopie se
présenta aux portes d'Addis-Ababâ la veille des
anniversaires d'Adoua et de la fête de saint
Georges.

Ménélik lui envoya ce message :

« J'ai renoué mes relations avec ton pays. Entre
« chez nous sans inquiétude. Ici tu ne verras rien
« qui t'attriste. »

Depuis, la fête religieuse de saint Georges est
célébrée comme autrefois, mais la parade militaire,
les salves de canons ont été supprimées.

[33]

CHAPITRE II

MÉNÉLIK

I

J'ai eu l'occasion de peindre ailleurs les rapports que Ménélik a entretenus avec les Puissances européennes (1). Je voudrais noter ici les
aspects de caractère, les gestes instinctifs et voulus
par lesquels ce Négus s'est révélé comme le con-
tinuateur de la tradition, qui, à travers le cœur de
Makeda, le rattachait au Temple.

Dans des contacts avec les publics européens,
voire avec des chancelleries, j'ai eu l'occasion de
constater que l'énumération des titres qui s'alignent
au-dessous du sceau impérial d'Éthiopie et en tête
des lettres officielles du Négus « Lion Vainqueur

(1) *Ménélik et Nous*, chez Per-Lamm, 1901.

de Juda, Élu du Seigneur, Roi des Rois » provoquent, chez des gens insuffisamment renseignés, un imperceptible sourire. Ce serait commettre une faute de goût que de hausser délibérément les épaules parce que ces dignités ont eu leur développement à l'écart de nos souvenirs et de nos propres grandeurs.

La tradition éthiopienne conte que, vingt années après la visite qu'il avait reçue de la Reine Makeda, Salomon vit entrer dans Jérusalem, un jeune homme accompli. Cet adolescent reflétait, trait pour trait, les apparences de son propre visage. Et c'était ce Baina-Lekhem que la Souveraine d'Éthiopie avait conçu de ses œuvres.

Le jeune prince venait aviser son père que, par la grâce du Très-Haut et par l'effet du zèle de Makeda, la doctrine du vrai Dieu s'était heureusement développée sur la montagne africaine. Afin d'interrompre les pratiques d'idolâtrie qui perpétuaient sur le trône d'Éthiopie les souvenirs égyptiaques de l'Isis, Makeda était résolue à clore avec son règne la lignée des Femmes-Reines. Elle avait décidé d'abdiquer elle-même entre les mains de son fils.

Mais il convenait que ce fondateur d'une dynastie nouvelle fût un oint du Seigneur. Baina-Lekhem venait donc demander à son père la bénédiction qui, dans le Temple, descend des mains du Grand Prêtre.

L'histoire éthiopienne veut que Salomon ne se soit point contenté d'exaucer un désir si pieux. Afin de lier plus étroitement la fortune de son fils avec les destinées d'Israël, il aurait résolu d'élever avec des pompes de trônes et des titres de rois douze représentants des douze tribus jacobélites au-dessus des provinces d'Éthiopie. Il aurait complété l'organisation qu'il créait en plaçant son propre fils, Baina-Lekhem, oint de Juda, au sommet de cette hiérarchie. Il l'aurait honoré du titre de Négus des Négus, c'est-à-dire de Roi des Rois.

Ainsi cette dénomination correspond en somme à celle de « comtes » et de « ducs », dans la hiérarchie d'un état féodal, dominé par un seigneur suzerain. L'équivalence est, dans l'occasion, si rigoureuse que la forme de commandement ici dépeinte a représenté pour l'établissement de l'unité éthiopienne les mêmes chances de progrès et de faiblesse que les luttes du Roi de l'Ile-de-France contre ses ducs d'Aquitaine, de Bourgogne et de Normandie.

Lorsque, d'autre part, on passe à vol d'oiseau par-dessus les convulsions de l'histoire d'Éthiopie, on constate que les heures de sa paix, de sa prospérité, coïncident avec les phases où la tradition salomonesque s'est tenue en équilibre. Ce sont les périodes où la dynastie des suzerains, — en l'espèce les Rois de Choa, directs aïeux de Ménélik, — réussit à contenir et à dominer les puissants vassaux. Au contraire, l'anarchie, les invasions, les guerres civiles, suivent toutes les usurpations des ducs ou comtes, qualifiés « rois » qui, à l'aide de leurs sièges d'administrateurs de provinces, escaladent pour un temps le trône du Roi des Rois.

II

On peut juger par là de l'importance que l'histoire générale d'Éthiopie attribuera au règne de Ménélik : il a été le restaurateur de la tradition écroulée. Par la persuasion comme par la force il l'a relevée sur son socle.

La veille de la bataille de Matama, il n'est qu'un roi de Bourges ; l'usurpateur Jean le traîne derrière soi à la croisade. Quelques semaines plus tard le dur maître qui l'a réduit au gouvernement du seul Choa est tombé lui-même sous les coups des musulmans. Brusquement Ménélik s'érige, la couronne impériale au front, au-dessus de l'Éthiopie. Il prête l'oreille. Il ne se trompe pas sur la qualité des acclamations dont on le salue. C'est bien la nation, qui, lasse de tant d'aventures, applaudit à la résurrection de sa lignée légitime.

Mais il faut solidifier ce bloc dont les parties s'ajustent mal.

La science de politique dont Ménélik a donné

des marques au cours de cette œuvre, le recommandera sûrement à l'estime de l'histoire plus que ses victoires elles-mêmes. Il sent qu'il ne peut renverser les trônes subalternes qui vivent dans son ombre sans ébranler le sien. Fidèle au statut salomonesque qui l'élève au-dessus de ce vol de roitelets, après leur soumission il se garde de les anéantir. Toutes les fois que les circonstances le lui permettent, il les conserve comme ses mandataires, ses proconsuls, ses « ras ». Il veut qu'on les voie gouverner en son nom là où, avec une liberté usurpée, ils ont exercé une autorité quasi royale. Il fait d'eux, si nettement, des fonctionnaires de la couronne, qu'il leur enlève le droit de transmettre leurs dignités à leurs fils par voie d'héritage. Il ne leur laisse plus la libre disposition des impôts. Partant de ce principe religieux que, du fait de son onction sacrée, tout lui appartient en Éthiopie, terres, bêtes et gens, il constitue pour ses Ras, à titre de traitements, toujours révocables, des revenus, calculés sur le brut des impôts, recueillis par eux, en son nom.

Afin d'occuper les colères que provoquent nécessairement de telles réformes, il mène sous sa bannière à la conquête des Gallas ces rois fraîchement châtiés.

Une telle campagne offre des avantages divers, tous excellents : elle assainit et recule les frontières de l'empire ; elle met à la disposition des Éthiopiens

purs, de grandes ressources en céréales, en coton,
en café, en pâturages, en troupeaux et en chevaux.
Enfin elle oblige le parti des prêtres et des moines
à louer la conduite de ce nouvel « oint du Seigneur » qui, sans pousser sa croisade avec une
aussi dangereuse témérité que le Négus Jean,
s'attaque pourtant à l'idolâtrie de ses voisins.

Un dernier événement, qui rappelle sur l'Éthiopie oubliée l'attention du monde, finit de cimenter
une cohésion dont les joints, ici, là, sont frais :
la nation éthiopienne passe par l'épreuve d'une
guerre étrangère. Dans la victoire elle juge les
vertus de cette unité que Ménélik a restaurée.

Avait-il prévu un tel conflit ? Ses conseillers européens l'avaient-ils aperçu par-dessus son épaule ?

Tout se passe comme si, au début même de
son règne, Ménélik s'était préparé à ce choc. En
effet dès les premiers jours de sa puissance royale,
dans le temps où il n'était encore que roi de Choa,
on l'a vu venir à la civilisation la plus contempo-
raine avec une allure de foi, avec une passion
d'amour pour la Vérité, qui, d'une manière vraiment frappante, rappelle le pèlerinage de son
aïeule Makeda vers Jérusalem, Foyer de Science
et de Sagesse.

III

Cette « Vérité » que la Reine Makéda, son aïeule, chercha chez Salomon, Ménélik va la demander à l'Europe. Il le fait avec la persuasion intime qu'après les avènements du Mosaïsme et du Christianisme, la Science se lève à l'horizon des hommes comme une troisième religion.

Les formes mêmes que Ménélik donne à son souhait d'acclimater sur le Haut Plateau la religion de la Science, témoignent que, de ce chef, il n'a jamais pensé commettre une infidélité envers la religion de ses pères, mais seulement la perfectionner.

Douze apôtres n'ont-ils pas suffi au Christ pour faire rayonner sur le monde la doctrine évangélique ?

Dès 1867, Ménélik s'adresse à un marchand d'Aden qui lui vend des armes. Il le prie de faire venir d'Europe une compagnie de douze ingénieurs. Il croit fermement que ces nouveaux missionnaires lui apporteront la Science totale et

que par leur intermédiaire il en fera bénéficier
ses peuples.

« Il n'est pas juste, écrit-il dans sa lettre, que
« nous continuions à être privés d'une Vérité
« dont les autres nations tirent tant de profit. »

Dirai-je pour la confusion de nos civilisations
européennes que ce petit-fils de Salomon demande
tout d'abord à ceux qui, pense-t-il, lui apportent
les vertus du progrès, s'il leur sera possible de
de lui fabriquer, de toutes pièces, des fusils en
Éthiopie ?

J'ai manié dans la collection d'armes de l'Empereur l'outil de guerre qu'il construisit lui-même, en
ce temps-là, dans son Guébi d'Addis-Ababâ, afin
de se prouver que, pour la défense de sa liberté, il
pourrait au besoin se priver de la complaisance
capricieuse de l'Europe.

De même s'intéressa-t-il avec ardeur aux opé-
rations chirurgicales dont lui donnaient le spectacle les médecins russes envoyés en mission
auprès de lui par le Tzar Nicolas. Je l'ai vu, en
tablier blanc, attentif à respecter les règles de
l'antisepsie, mettant lui-même la main au bistouri.
Son intelligence largement ouverte aux vérités
d'ordre spirituel concevait avec clarté que l'art
de guérir doit perfectionner ses ressources paral-
lèlement à l'art de blesser, sous peine de détourner
les découvertes de la Science vers le seul triomphe
du Mal.

IV

PERSUADÉ qu'au delà des violences que soulève
toute évolution rapide le Progrès ne peut
être finalement en contradiction avec le « Bien »,
Ménélik a la suprême audace d'aller au-devant
de nouveautés qui, pour lui et pour ses peuples,
changeront toutes les conditions de la vie.

Il comprend que l'isolement où l'Éthiopie s'est
étiolée entre la vallée du Nil et la vallée de la Mer
Rouge, est pour elle une cause d'insécurité et
d'infériorité. Il rêve de jeter par-dessus les déserts, commercialement infranchissables, des Danakils et des Issas, un pont qui relierait son
royaume à la civilisation. Il veut que l'amorce
de ce chemin de fer de paix et de progrès soit, non
point en Angleterre dans le Somaliland, non
point en Italie à Massaouah, mais en France à
Djibouti. Pour atteindre un tel but il doit faire
sentir sa force à tous ceux qui craignent de voir
leurs privilèges emportés par ce fleuve de fer.

Il m'a dit un jour :

— Les Éthiopiens et moi, nous aimons le progrès. L'Impératrice, mes Grands et mon Clergé nous font la guerre...

Ménélik souriait alors de son large et éblouissant sourire.

Avec l'éclat de sa légendaire bravoure il évoquait cette certitude, cent fois proclamée dans des appels à la Nation, qu'il vaut mieux mourir au service d'une idée juste que de vivre dans l'effroi de la Vérité.

V

Oɴ devine de quelle ardeur un tel Souverain a pu désirer de voir triompher dans le temps, par l'appui de sa lignée, les idées que lui-même soutenait si loyalement.

Les choses se sont passés pour lui comme dans ces contes orientaux où, par bassesse d'envie, un mauvais Génie se plaît à gâcher la félicité des rois. Et, sans doute, ni Pierre le Grand, ni Louis XIV, ni aucun de ces maîtres de la politique qui prolongèrent leur journée de royauté au delà des heures du crépuscule, n'ont eu la joie de voir un fils couronner la muraille dont ils avaient établi la fondation.

Le seul enfant mâle que Ménélik ait jamais engendré n'a pas vécu. Lidj-Iassou, qui, du fait de la disparition de son aïeul, apparaît dès aujourd'hui comme l'Élu de Juda, est le fils d'une fille du Négus. Les circonstances qui ont permis de lui ouvrir l'accès du Trône avec l'indispensable

[46]

prestige qui s'attache aux descendants de la souche salomonesque, sont si particulières qu'il les faut expliquer par des usages locaux. Ces mœurs d'amour et d'hérédité participent encore des facilités de la vie patriarcale. Ils surprennent notre respect romain pour le mariage et pour les privilèges de la légitimité.

VI

Iʟ faut savoir qu'en Éthiopie la famille n'est
point constituée avec la rigidité de la nôtre.
C'est, en ce pays très chrétien, un fait exception-
nel que l'union de l'homme et de la femme soit
considérée comme un engagement qui comporte
quelque intervention du divin. Dans l'ordinaire aucune cérémonie, civile ou religieuse, n'accompagne
la fête des épousailles. C'est l'occasion d'une
suite de repas et de divertissements, accompagnés,
si les fiancés ont de la fortune, d'un contrat
d'argent.

Cette union, si aisée à nouer, se rompt sans
effort. Une femme peut passer par une longue
suite de mariages et de divorces sans que sa
réputation en souffre. Le nombre des filles de
bonne naissance est grand — on en a vu jusque
sur les marches du trône, — qui se marient sans
difficulté après que des naissances d'enfants sont
venues attester l'indulgence de la morale éthiopienne pour les surprises du désir. De ce chef les

bâtards jouissent à peu près de tous les droits concédés par l'usage aux héritiers légitimes.

Nous sommes loin, on le voit, de la sévérité sans rémission qu'appliquent aux défaillances des filles et des femmes les peuples qui, comme les Arabes, les Danakils, les Issas, vivent de l'idéal de la race pure.

En fait, dans sa forme la plus répandue, le mariage n'est en Éthiopie qu'une sorte de volontariat où l'harmonie des conjoints fait la loi.

C'est seulement quand l'homme et la femme voient approcher la maturité de leur âge qu'ils songent à demander au prêtre une bénédiction. Alors ils sont certains que leurs esprits s'accordent et que le goût de la fidélité est dans leurs cœurs. Ils vont donc s'agenouiller devant un autel. Un prêtre donne à chacun d'eux la moitié d'une hostie. C'est ce que l'on nomme « le mariage à la communion ». Il est si indissoluble que la mort ne relève pas des engagements par où il lie. Si c'est la femme qui survit, presque toujours elle se retire dans un couvent. A supposer que l'homme n'entre point dans l'état religieux, il ne peut, en tout cas, se remarier.

Conformément à ces pratiques, Ménélik n'a été que le quatrième époux de cette Impératrice Taïtou qu'il fit d'abord asseoir à ses côtés comme reine de Choa, sans autre consécration que la volonté du Lion de Juda et sa tendresse persistante.

CHAPITRE III

LA FILLE DU NÉGUS

I

LA Chronique de Palais, que je rapporte ici dans les termes mêmes où elle me fut contée, est antérieure à l'entrée victorieuse de Taïtou dans le Guébi. Elle remonte au début du règne de Ménélik, aux années 1865-70. Alors la victoire n'avait pas encore fait de l'Elu de Juda le Roi des Rois d'Éthiopie.

Sur son trône du Choa il rêvait aux grandes choses que depuis il a accomplies. Il ne donnait à aucune femme le temps de prendre du crédit sur son esprit. Entre les heures de la guerre, de la politique et de la prière, il vivait dans son palais comme un petit-fils de l'Ecclésiaste. Toutes celles qui avaient de la beauté ou de la séduction pouvaient arrêter un instant son désir.

Parmi les femmes que l'on dressait au service de sa table il distingua une belle fille qui avait une grâce singulière à verser l'hydromel. Il la regarda comme le lion regarde quand il est traversé par le désir; et la jeune fille eut le cœur consumé de cette flamme. Aussi, la nuit suivante, lorsqu'un serviteur vint la chercher dans l'appartement des femmes et lui dit :

— Viens, et marche sans bruit dans l'ombre : le Lion de Juda t'élève à l'honneur de sa couche.

Elle répondit seulement :

— Je suis la servante de mon Seigneur.

Elle avait une gorge parfaite et une âme droite, de sorte que Ménélik l'aima, en secret, pendant des nuits, qui, à la fin, firent des mois. Et quand le Souverain partit brusquement pour une expédition qui l'appelait sur les confins du Choa, la ceinture de la belle fille commençait de se faire lourde.

Elle n'osa pas dire à l'Empereur le secret qui était son effroi et sa félicité.

Elle pensa :

— Quand il reviendra avec la victoire, si son regard tombe encore sur moi, il verra où j'en suis et il décidera de ma vie.

Mais le palais était plein de femmes de bonne naissance. Elles levaient les yeux vers le Trône avec l'idée que peut-être un jour l'amour du Maître les y ferait asseoir. Elles prirent de l'ombrage de cette fécondité d'une servante.

Elles se dirent entre elles :

— A cause de l'enfant, le Roi serait capable de s'attacher à cette fille. Otons-la de ses yeux... Il ne songera plus à la demander.

Elles mirent donc à profit l'absence de Ménélik et chassèrent la belle échansonne.

De la même façon Agar fut autrefois jetée hors de la tente d'Abraham avec l'enfant Ismaël.

II

Eɴ tout temps et en tout pays du monde, la vie
est la même pour celle que nul ne protège
pendant les mois de passion, où, dans sa ceinture,
elle porte un enfant sans père. Celle-ci erra donc,
les pieds nus, par les chemins.

Elle alla du côté du nord.

Elle espérait rencontrer l'armée du Roi. Si elle
ne pouvait parler à son Seigneur, au moins le ver-
rait-elle passer dans la gloire. Mais elle s'était
trompée de route, et puis le poids qu'elle portait,
d'heure en heure, devenait plus lourd. Enfin il
fallut qu'elle s'arrêtât, car son temps était à sa fin.

Tout de même elle sourit à la fillette qu'elle venait de mettre au monde dans un tel dénuement.
En effet, si petite, l'enfant avait le regard du Lion.
Et, la mère, comme si elle prenait une étoile dans le
firmament pour la mettre au front de la nouveau-née,
appela l'orpheline Choaregga, c'est-à-dire « Affer-
missement du Choa ».

Ainsi, sans secours, pendant des années, la mère et l'enfant marchèrent par la main, au hasard des routes. Elles demandaient du travail à ceux qui sont fixés dans le bien-être des maisons, à ceux qui voyagent d'un pays à l'autre et qui ont besoin de servantes pour faire leur pain. La tendresse qu'elles avaient l'une pour l'autre, les nourrissait plus que les fonds de corbeilles qu'on leur abandonnait après le repas de leurs maîtres.

Un jour vint pourtant où la mère sentit que ses forces étaient à bout. Choaregga avait alors sept ans. Déjà elle portait sur son dos de lourds vases de terre pleins de tedj ou de tala. Jamais elle n'avait joué comme les fillettes de son âge, mais, tout de même, elle avait une âme d'enfant.

Elle écouta légèrement les paroles de sa mère qui mourait :

— Choaregga, dans peu de jours je ne serai plus. On m'enterrera contre le mur d'une église, parce que j'ai toujours été une bonne chrétienne et que, si triste qu'ait été ma vie, aucun musulman n'a pu dire : « Celle-ci a servi chez moi pour de l'argent. » Toi, tu continueras à manger le pain des autres jusqu'à ce que tu sois devenue une vraie jeune fille. Mais alors souviens-toi de ce que je te dis aujourd'hui : tu vois ce petit sachet de cuir qui est suspendu à ton cou par un cordon noir ? Quelques jours après ta naissance, j'y ai enfermé une lettre. Elle est pour ton père. Tu iras la lui porter.

— Comment s'appelle-t-il? demanda Choaregga. Si tu veux qu'un jour j'aille le trouver, il faut bien que tu me dises son nom?

— Son nom est illustre, répondit la mourante; il te suffira de dire : « Celui-ci est mon père... », tous te conduiront à lui.

III

Choaregga pleura sa mère amèrement, puis elle recommença de sourire. On l'aimait parce qu'elle avait les yeux d'une lionne et un grand éclat de ses dents.

Son sort fut celui de toutes les filles qui n'ont ni père ni mère et qui vivent chez des maîtres. Elle servit des vieilles dames qui la faisaient monter en croupe sur leurs mules, quand elles allaient rendre visite à quelque amie. Elle suivit des soldats qui étaient dans le chemin de la guerre et qui la payaient avec de l'amour.

De la sorte elle atteignit ses dix-huit ans.

Un jour, un fitéorari qu'elle servait dans la ville de Harrar lui demanda :

— Choaregga, quelle est donc cette amulette que tu portes à ton cou ? Sais-tu seulement ce qu'elle contient ? Il faut l'ouvrir.

Le fitéorari appela un prêtre qui déchiffra aisément ces caractères. Mais, au lieu de répondre aux

[57]

questions dont on le pressait, l'homme de Dieu se montra très agité :

— Si tu tiens à la vie, dit-il au soldat, ne conserve pas cette enfant chez toi un jour de plus. Fais-la conduire à l'Empereur. Elle lui appartient.

On amena Choaregga à la Cour. On la confia à une dame d'honneur qui avait la faveur de l'Impératrice Taïtou.

En ce temps-là l'Impératrice était dans toute la nouveauté de son règne. Elle n'avait pas d'enfants de Celui qui l'avait élevée au Trône et elle ne savait comment lui montrer sa reconnaissance.

Elle vit Choaregga et elle pensa :

— Celle-ci est véritablement la fille de l'Empereur. Dieu a écrit ses origines sur son visage.

Elle ordonna donc que l'on gardât la jeune fille dans le Guébi, en grand secret.

Pendant plusieurs semaines des suivantes expertes s'appliquèrent à peigner Choaregga et à la parfumer, ainsi qu'il convenait à une personne de son rang. Quand, par surcroît, elle eut revêtu des vêtements de princesse, elle parut si majestueuse que personne ne pouvait la voir sans s'incliner.

IV

CEPENDANT l'Impératrice songeait que le moment était venu de présenter à son souverain Maître cette fille des désirs d'autrefois.

Elle alla trouver l'Empereur et lui dit :

— Vous souvenez-vous qu'à telle date, quand vous êtes parti pour faire la guerre dans le Nord, vous aimiez une servante dans le mystère de votre palais ? Elle s'appelait Telle et Telle. Vous ne l'avez pas retrouvée quand vous êtes rentré dans votre Guébi...

Ménélik répondit :

— Je me souviens. Pourquoi avait-elle fui ? J'espère qu'il ne lui est pas arrivé malheur...

Taïtou répondit :

— On l'a chassée du Palais en votre absence. Elle a mis au monde, sur les chemins, une petite fille, votre enfant, et, peu après, elle est morte.

Les yeux profond du Négus s'emplirent de douleur ; il regardait vers des choses passées.

Soudain il pria :

— Taïtou, ce n'est pas vainement et pour me donner de l'angoisse que tu m'as parlé de cette enfant? Dis que tu as reçu quelque message au sujet de l'abandonnée? Emploie tous les moyens pour me la retrouver.

La Négouça répondit :

— Cette enfant n'est pas loin. Avec la grâce de Dieu je l'atteindrai.

Aussitôt elle sortit de la chambre sans s'arrêter aux bénédictions qui la suivaient. Mais quelques instants ne s'étaient pas écoulés que, déjà; elle était de retour, escortée, cette fois, par beaucoup de dames et de demoiselles d'honneur qui formaient sa suite.

En la voyant l'Empereur eut sur son visage un nuage de mélancolie :

— Taïtou, dit-il, je t'ai priée de t'occuper sans retard de ce que tu m'as promis. Pourquoi reviens-tu au lieu d'aller en hâte faire le nécessaire?

L'Impératrice répondit gravement :

— J'ai fait.

Alors l'Empereur comprit que l'Impératrice lui préparait une épreuve.

Il regarda cette blanche théorie qui était devant lui. Ses yeux erraient d'un visage à l'autre. Soudain ils se fixèrent : ils s'étaient arrêtés sur Choaregga. Et, dans les traits de la jeune fille, l'Empereur reconnaissait, avec son propre visage, le sourire de celle qu'il avait aimée.

Il dit :

— Mon enfant, viens...

Devant tous il l'embrassa, et, pendant quelques instants, ses larmes coulèrent.

Puis il fit asseoir Choaregga sur les pieds de son lit. Il lui demanda quelles provinces elle avait parcourues. Et il la regardait, il la regardait. Car cette enfant qui lui revenait ainsi était sa première-née, et déjà il avait perdu ce fils qu'il aimait à nommer « Mamo » c'est-à-dire « Mon bien-aimé ».

Quand il se fut rassasié des premières paroles, il déclara :

— Maintenant j'ai dans ma maison une fille qui m'est chère. Qu'on l'honore comme mon sang et comme la tige future de mes fils. Il faut que je jouisse quelque temps de ta présence, Choaregga, et puis je te marierai à l'un de mes chefs préférés.

Et l'Empereur fit comme il avait dit. Il garda Choaregga dans son Palais, jusque vers sa vingt-cinquième année. Alors il la donna en mariage à l'un de ses serviteurs favoris, le Ras Mikaël, qui commande au nord du Choa, dans le pays de Ouallo.

CHOAREGGA était presque reine, là où elle avait marché les pieds nus. Et, après tant d'épreuves, il semblait que Dieu voulût la bénir. L'un après l'autre elle mit au monde deux enfants, un fils que, par ordre de l'Empereur, on nomma Liedj-Iassou et qui, à cette heure, tient dans ses mains de jeune homme le destin de l'Éthiopie ; une fille, à qui, dans la joie de la voir sourire, l'on donna le nom gracieux de Zenabo-Work, c'est-à-dire Pluie-d'Or.

En se penchant sur cette nouveau-née Choaregga se souvenait des jours disparus ; elle s'attendrissait sur cette autre mère que, un matin à jamais maudit, elle avait vu recouvrir de terre, dans le jardin de l'église. Elle ne savait pas que déjà le lit de cailloux s'entr'ouvrait pour elle-même et que les salves de fusils qui avaient crépité à la naissance de Liedj-Iassou et de Zenabo-Work se préparaient à éclater en signe de deuil.

L'Empereur reçut la nouvelle de la mort de

Choaregga au milieu des pompes d'une fête religieuse et militaire.

Il chancela et dit :

— Faites rentrer les prêtres et les soldats. Je ne veux ni chants, ni coups de fusil. Pour moi Choaregga n'est pas morte. Son âme est entrée dans la petite fille qu'elle laisse orpheline. Que l'on m'apporte dans mon Palais l'enfant de mon enfant. Le Ras Mikaël épousera plus tard quelque autre femme, mais moi, j'avais une fille et elle est morte.

CHAPITRE IV

LA PRINCESSE PLUIE-D'OR

———

I

Lors de mon premier voyage en Éthiopie, j'ai eu souvent l'occasion de rencontrer dans les jardins du Guébi la fille de l'infortunée Choaregga, la petite princesse Pluie-d'Or.

Elle était autant dire le sourire de cette maison sévère, depuis le jour où, apprenant que l'Empereur réclamait la tendre orpheline pour l'élever à l'ombre du Trône, le Ras Mikaël l'avait mise, en joignant les mains, dans la route d'Addis-Abâbâ.

Tous les détails de ces heures de l'épreuve m'ont été fidèlement rapportés par une dame d'honneur qui, à ce moment-là, fut désignée pour accompagner l'orpheline jusque chez son grand-père. Et aussi bien ces menus faits illustrent-ils avec grâce un chronique dont ils sont toute la douceur.

Le Ras Mikaël ne voulait pas que Pluie-d'Or fût exposée aux secousses de la mule. En effet, la fillette n'avait que trois ans et il eût fallu que sa gouvernante la tînt entre ses bras, sur la selle.

Le Ras fit donc préparer une litière que des nègres porteraient. C'étaient deux Chankallas d'une fidélité éprouvée. Les hommes d'Éthiopie meurent pour le Roi des Rois sur le champ de bataille, mais leur fierté ne consent à porter aucun autre fardeau que le fusil.

Dans sa chaise de route Pluie-d'Or était vêtue d'une tunique de soie et de tout ce qui est doux. Elle était trop petite encore pour que l'on accrochât à ses oreilles le poids des anneaux ; mais elle avait au cou un collier d'or qui suspendait une croix d'or, et aussi une croix de fer, attachée avec un de ces cordons bénis que l'on tisse à Jérusalem. Suivant la mode d'Éthiopie elle portait sa tête toute rasée. On lui avait seulement conservé sur le front, deux petites couronnes de cheveux, frisées et parallèles, séparées par l'épaisseur d'un doigt. A son visage d'enfant elles faisaient une double auréole.

L'Empereur avait dit :

— Quand elle arrivera, vous la conduirez tout droit à mes appartements.

Car il ne voulait pas qu'un indifférent fût là quand il l'embrasserait.

On donna à Pluie-d'Or une petite chambre à côté de l'appartement de la Négouça Taïtou. Cinq ou six servantes, empressées à la veiller et à la servir, dormaient dans cette chambre avec elle. Et, tout le jour, elle était sous la garde de sa dame d'honneur. L'Empereur avait voulu qu'on lui dressât un « alga » à la mode des lits d'Europe dont l'usage s'est répandu dans les grandes familles.

Quand Pluie-d'Or avait envie de rire, on envoyait chercher des fillettes qui approchaient de son âge et de son rang. C'étaient les enfants des personnages illustres que Ménélik faisait élever à ses côtés afin de diriger leurs cœurs dans le sens qui lui plaisait.

Tous les ans, les femmes qui prenaient soin de Pluie-d'Or ajoutaient une rangée à la couronne de cheveux qu'elles entretenaient sur la petite tête sombre.

Et elles disaient à la fillette :

— Maintenant ta « sadouilla » n'a que quatre rangées. Un jour viendra où, à force d'en réserver ainsi les unes derrière les autres, tes servantes ne laisseront plus subsister au sommet de ta tête qu'une petite tonsure. Alors l'Empereur te donnera un époux.

Les filles d'Éthiopie, qu'elles naissent sur le tapis d'un trône ou dans la maison d'un homme qui n'a pas de bois pour réparer les trous de sa toiture, sont dressées dès la petite enfance aux travaux de la maison. Pluie-d'Or fut donc mêlée aux servantes de l'Empereur pour apprendre l'art délicat de la cuisine, et dans quelles proportions il faut mêler le miel au guécho afin que les soldats qui viennent boire l'hydromel du Négus aux jours de « guébeur » aperçoivent le Roi des Rois dans une gloire de lumière.

Pluie-d'Or écoutait avec obéissance les conseils des matrones qui gouvernent la cuisine de l'Empereur ; mais elle préférait apprendre à tisser avec des joncs multicolores ces belles corbeilles qui servent de table aux convives de l'Adérache dans les repas de gala. Surtout elle aimait à filer le coton et la soie, que l'on dépose ensuite en bordure au bord des chammas.

II

CHAQUE jour ses servantes l'éveillaient sitôt que la lumière avait commencé de se répandre au dehors. Elles la lavaient, elles la parfumaient avec soin, elles changeaient ses vêtements. Elles lui faisaient endosser une chemise de soie blanche, à raies bleu pâle ou rose pâle, avec des broderies au bas des manches, autour du cou, terminées par deux croix, l'une dans le dos, l'autre sur la poitrine. Une ceinture de soie ou de mousseline serrait cette tunique à la taille. Par-dessus, l'enfant se drapait dans une chamma de coton, transparente comme un haïk. Si le froid était vif ou si elle devait se rendre à quelque cérémonie, elle s'enveloppait encore d'une pèlerine de satin noir, à franges d'or. Et toujours elle enfilait gaîment dans des sandales de maroquin ses petits pieds déjà habillés de chaussettes de soie.

Quand elle eut cinq ans, on lui perça les oreilles

[69]

avec cette épine qu'on laisse dans la piqûre jusqu'à ce que le trou soit rond. Alors l'Empereur lui donna les « goutitcha » et la « ouæba » d'or, c'est-à-dire les boucles d'oreilles et la grande épingle que l'on enfonce dans les cheveux.

Après le baiser de l'Empereur et de l'Impératrice, chez lesquels on la conduisait chaque matin, Pluie-d'Or allait dire sa prière dans la chapelle du Guébi, qui est l'église de Saint-Gabriel. Puis elle rentrait dans son appartement pour déjeuner.

On lui servait une galette de tief avec une sauce sans piment et un flacon d'hydromel sans guécho. Son grand-père avait fait venir tout exprès pour elle un cuisinier du Gondar qui savait faire jusqu'à quinze plats différents.

Les enfants que Ménélik élevait dans le Guébi fréquentaient une école. Ils apprenaient à lire, à écrire, ils étaient instruits dans les mystères de la religion. Peut-être Pluie-d'Or aurait aimé à se mêler à eux, mais l'étiquette exigeait qu'elle étudiât seule avec le moine qu'on lui avait donné pour précepteur.

Il lui apprit à lire les Psaumes de David. Il exigea qu'elle récitât par cœur les Évangiles et le catéchisme. Elle pouvait encore répéter sans se tromper une seule fois la « Louange de Marie », le « Visage de Jésus ». Elle psalmodiait :

— Salam ! Salam ! Deux fois salut à ton nom parfumé comme l'encens, Marie la Vierge, qui portes une robe de commandement ! Le vin de mon amour t'arrose chaque matin, comme une rivière baigne une prairie...

Le samedi seulement et le dimanche, le moine fermait ses livres ; alors Pluie-d'Or pouvait jouer avec les petites filles de son âge. Elle rattrapait des osselets sur sa main retournée. Elle lançait à ses amies des citrons et cette balle d'étoffe que l'on nomme « coisse ». Elle aimait aussi à aller voir les grands lions que l'Empereur tient prisonniers dans une de ses cours. Dans les jours de fêtes, elle s'asseyait au repas de l'Empereur et de l'Impératrice, tout près et derrière eux, devant une petite corbeille multicolore.

Telle je la vis pour la première fois, en 1901, un jour que l'Empereur m'avait reçu dans ce pavillon de plein air où il aimait à accueillir ses amis, quand le temps était beau, afin de laisser errer ses yeux, tout en causant, sur le magnifique décor de paysage qui se déploie jusqu'à l'horizon.

A l'intention de la fillette, j'avais apporté quelques jouets mécaniques : un cygne qui battait des ailes, un autre oiseau qui marchait gravement, ce singe qui grimpe à la corde. L'Empereur avait fait entrer une seconde sa petite fille Pluie-d'Or pour lui donner ces jouets. Elle s'était montrée et elle avait disparu, gracieuse, un peu farouche avec la promptitude d'une hirondelle qui tourne autour d'un clocher d'église. Son regard, si brillant sous le sourcil élevé, m'a laissé dans le souvenir comme le reflet d'un coup d'aile.

Les derniers jours heureux de son enfance finissaient là. C'est en effet le destin des princesses éthiopiennes qu'on les marie vers leur douzième année, avant que leur race, — pourtant si précoce, — ait eu le temps de s'épanouir.

III

Un matin d'avril, c'était un peu après la semaine de Pâques (1), les dames d'honneur qui entouraient Pluie-d'Or commandèrent qu'à son réveil on lui oignît les cheveux avec ce baume que les femmes appliquent à leur coiffure et qu'elles nomment « chourébé ». C'est une préparation savante qui mêle au beurre frais deux plantes odoriférantes et trois parfums indiens.

Elle demanda timidement :

— Pourquoi m'oignez-vous avec le chourébé ?

Personne ne lui répondit; mais, ce même jour, une de ses petites amies lui dit en jouant aux osselets :

— Il va venir un mari.

Et ce mari était le ras Bézabé, fils du défunt roi du Godjam, Tacklé-Haimanot.

Il allait sur ses trente-cinq ans. Il avait, comme

(1) En 1903.

son père, un visage clair; mais un de ses yeux était à jamais fermé, à cause de la blessure d'un fusil qui avait éclaté entre ses mains.

Donc, le lendemain de ce jour, au matin, le ras Bézabé se présenta à l'audience de l'Empereur, escorté de tous ses dignitaires.

Ménélik approuvait cette démarche. Lui-même, il attendait au milieu des siens. Le Ras et sa suite s'inclinèrent dans une génuflexion profonde, puis, un long temps, face à face, les deux groupes se regardèrent en silence. Enfin un dignitaire désigné par l'Empereur pour parler en sa place, selon le rite, interrogea les Godjamites en ces termes consacrés :

— Que cherchez-vous ici ?

Conformément à l'étiquette, un ami de Bézabé devait répondre au nom du Ras. Il riposta :

— Nous voulons que vous soyez notre père, et nous vos fils.

— Qu'y a-t-il entre vos mains ?

Sur cette parole attendue et qui déjà était une marque de bienveillance, l'avocat du prétendu fit signe aux serviteurs de son maître.

Ils se tenaient aux écoutes. Ils entrèrent apportant des coffres et des corbeilles. Dedans était enfermé tout un trousseau de soie et d'or, pour la petite Princesse : chammas et pantalons, brodés merveilleusement, franges d'or pour les pèlerines, bracelets d'or pour les chevilles et pour les poignets, et des vêtements magnifiques suivaient pour un grand nombre de dames d'honneur.

Quand les serviteurs de Bézabé eurent fini d'étaler ces richesses, l'avocat de Ménélik demanda encore :

— Quelle fortune avez-vous dans votre pays pour élever et établir les enfants qui vous viendraient ?

L'énumération fut longue : tant, en terres, tant, en domaines, tant, en thalers, tant, en chevaux, tant en fusils, tant en troupeaux, tant en bijoux, tant en tapis précieux.

Tandis que les avocats du Négus et du ras Bezabé parlaient ainsi, deux scribes, assis à droite et à gauche du trône, recueillaient leurs paroles afin de les conserver dans un contrat. Puis le prétendu présenta ses garants et, de plus, neuf témoins choisis dans l'entourage même du Souverain. Alors, tous les accords étant terminés, l'avocat de l'Empereur se leva et, d'une voix retentissante, il lut :

— Moi, Ménélik, Roi des Rois, Élu du Seigneur, je donne en mariage ma petite-fille Zenabo-Work (Pluie-d'Or), fille de ma défunte fille Choaregga et du ras Mikaël, au ras Bézabé, fils du défunt Tacklé-Haimanot, en son vivant roi de Godjam. Je le jure par ma vie.

Dès l'aurore de ce jour Pluie-d'Or avait été réveillée par la dame d'honneur qui, autrefois, l'avait accompagnée dans la maison de son père, et que, maintenant, on lui donnait comme duègne. Et comme on l'habillait de vêtements somptueux, comme autour de son visage on disposait le gracieux voile blanc des mariées, qui se nomme « œil de colombe », elle comprit qu'il venait d'être décidé de son destin.

IV

Pᴇɴᴅᴀɴᴛ trois jours, dans le Guébi, les femmes, les jeunes filles dansèrent au son des tambourins. Pendant tout ce temps, l'invisible époux festoyait avec l'Empereur dans la salle de l'Adérache. Et, jour et nuit, les chants des officiers et des soldats, égayés par le tedj, répondaient par-dessus les murailles, aux lointaines provocations des femmes.

Cependant l'Empereur avait composé pour sa petite-fille une maison complète qui allait l'accompagner dans sa nouvelle résidence : il avait voulu choisir lui-même ses officiers, ses soldats, ses chevaux, ses mulets, son intendant, son trésorier, son secrétaire et jusqu'à son portier. On avait décidé que, outre la duègne, elle serait accompagnée par son confesseur et par le vieux moine qui continuait de l'instruire.

— Car tu te souviendras, dit le Négus à son futur gendre, que je t'accorde celle-ci encore enfant. Tu lui donneras le temps de s'épanouir, dans son intérêt et dans l'intérêt de notre lignée.

Quand on amena Pluie-d'Or à son grand-père pour qu'il la bénît, à la minute du départ, Ménélik voulut montrer un visage riant. Un instant il considéra son enfant agenouillée devant le trône, puis il prononça :

— Mamitié (ma mignonne), je te donne telle province, tel domaine, tant d'or, tant d'argent, tant de troupeaux, tant d'églises.

Et tandis que les scribes se hâtaient d'écrire toutes ces largesses, il ajouta plus bas :

— Et puis je t'aime...

Ensuite Pluie-d'Or fut conduite chez l'Impératrice Taïtou qui lui donna le baiser de la bouche. Et de là encore elle sortit enrichie, si c'est une richesse pour une vierge de sortir avec mille charges de présents de la maison des siens.

L'Empereur avait donné à Pluie-d'Or la maison du ras Makonnen pour qu'elle y passât avec son époux le premier soir du mariage.

Comme elle était sortie du Guébi sur sa mule de parade, toute enveloppée de voiles, elle n'avait pas osé lever les yeux sur son mari. Elle sanglotait en chemin. Quand elle fut enfin dans la chambre nuptiale, quand elle vit qu'un repas était préparé pour elle et pour l'époux, de toutes ses forces elle s'attacha à celle qui l'avait élevée et elle lui dit :

— Ma mère, je t'en prie, ne me quitte point !

Or, à ce moment-là le ras Bezabé entrait dans la chambre et Pluie-d'Or le vit pour la première fois.

Le lendemain il l'emmena dans sa province.

ÉNÉLIK, qui montrait tant de tendresse pour la fille de Choaregga, ne songea point à mander auprès de soi son petit-fils Liedj-Iassou, c'est-à-dire l'Enfant Jésus. Il l'envoya grandir à l'écart, dans la forteresse d'Ankober, entre des instructeurs militaires et des précepteurs religieux.

Cette quasi-séquestration est de règle pendant la période de vie où un héritier du trône d'Éthiopie s'éduque. Elle s'explique par des défiances de politique asiatique et par des raisons de superstition.

Lorsqu'on voit qu'un prince héritier de Perse est maintenu sur les frontières mêmes de l'empire dans quelque prison plus ou moins dorée jusqu'à la minute où le shah régnant rend le dernier soupir, il faut convenir que le soupçon oriental, les inquiétudes tragiques du pouvoir sont à la base d'une précaution peut-être nécessaire aux souverains en fonction, assurément funeste à l'héritier que l'on façonne ainsi à l'écart des hommes et de la vie publique.

Certes Ménélik ne redoutait rien ni de ce petit-fils, encore enfant, ni de son père, le ras Mikaël. Je me souviens pourtant qu'en 1901 il répondit, moitié brusque, moitié souriant, aux ministres européens qui le pressaient de les présenter à son petit-fils :

— Si je vous le faisais voir, tout le monde irait chez lui; on ne viendrait plus chez moi !

Il y avait de la boutade dans cette riposte, car Liedj-Iassou a commencé de paraître à la Cour et il a été solennellement présenté à l'Éthiopie comme l'héritier désigné plusieurs années avant que la maladie obligeât son aïeul à la retraite.

La raison qui a déterminé l'Empereur à respecter dans l'éducation de son petit-fils un usage qu'il condamnait à part soi avait un fondement superstitieux.

VI

MÉNÉLIK avait sans doute, acquis une instruction vraiment scientifique. Il a témoigné en mille occasions qu'il ne permettait pas au surnaturel d'entreprendre sur le terrain de son commandement. Il ne s'est jamais affranchi de la croyance au mauvais œil.

Cet héritage des superstitions égyptiennes domine et empoisonne la vie des Éthiopiens. On est sûr, ici, que le regard d'un passant, même chargé de la plus involontaire envie, est meurtrier. On déconcerte ses soldats lorsqu'à la minute où, sur le revers d'un chemin, on ouvre une boîte de conserves pour la mélancolique formalité du repas de route, on empêche ces braves gens de vous faire un rempart avec leurs toges déployées.

L'Éthiopien craint que quelque affamé ne vous considère avec jalousie. De ce fait la nourriture ne vous profiterait pas. Elle pourrait vous étouffer.

Le dimanche, lorsque, dans son palais de l'Adérache, le Négus préside le repas de milliers de

[82]

soldats, on voit soudain de hauts dignitaires se lever et l'envelopper de leurs vêtements d'or et de soie. Le souverain ne doit pas être vu à la minute où il porte son gobelet à ses lèvres. On craint qu'il ne soit atteint d'un coup de mauvais œil.

De même, une belle arme, une belle femme, un bel enfant sont-ils exposés aux attaques de l'envie. C'est le motif pour lequel les marmots, les chevaux, les mules de parade, ont leurs cous surchargés de tant d'amulettes. C'est dans cette appréhension que des femmes charmantes sortent de leurs maisons avec des visages tout enveloppés de voiles.

Au delà du cerveau, jusqu'aux moelles, Ménélik a été touché par la douleur de n'avoir pu élever un fils.

Après la mort de Choaregga il n'a pas fermé complètement l'oreille aux insinuations de ceux qui lui disaient :

— Votre Grandeur est enviée !... La jalousie n'a pas eu de prise sur vous... Elle réussit mieux lorsqu'elle se rabat sur votre lignée...

Si jamais le Négus s'arrêta au projet d'envoyer son petit-fils en Europe, au moins de le confier à des précepteurs étrangers, qui, dans son éducation auraient pu jouer un rôle utile, le jour où Liedj-Iassou est devenu orphelin, le grand-père n'a plus songé qu'à mettre ce rejeton si cher à l'abri des surprises du mauvais œil.

Telle fut la raison pour laquelle il le rélégua, pendant toute la durée de son enfance, derrière la palissade d'Ankober, et le fit grandir au milieu d'hommes éprouvés qui, autour de sa faiblesse, formaient un cercle de loyauté.

CHAPITRE V

MON AMI HAILÉ-MARIAM

I

Parmi les hôtes qui, en 1904, fréquentaient le plus assidûment ma maison d'Addis-Ababâ, j'avais distingué un lettré tigréen.

Il se nommait Hailé-Mariam. Son type, tout de finesse, était d'un sujet de race sémitique dont la face a été bronzée, comme celle des Hindous, par la vie de plein air et par l'ardeur du soleil. Très rapprochés du nez, ses yeux donnaient à son expression définitive quelque chose d'un peu embusqué. La toge romaine, blanche à bandes de pourpre, qui, d'ordinaire, confère aux Éthiopiens une allure martiale, prenait ici, avec les mêmes plis, l'aspect d'un vêtement ecclésiastique. Cela tenait à la tournure générale du personnage, à son geste rare, très surveillé, à une certaine gaucherie de démarche, qui, d'une lieue, sentait son lettré.

J'ai connu dans Hailé-Mariam un type d'homme moyenâgeux qui n'existe plus chez nous : le contraire de l'homme de guerre, le « clerc », à qui Charlemagne s'en remettait du soin d'apprendre à lire aux petit enfants dans l'an 800. Les compagnons de ce rude Empereur devaient regarder de travers les hommes qui écrivaient l'histoire au lieu de la faire.

S'il fallait assigner une date de comparaison au développement de l'Éthiopie ce serait la trahir que de la reculer jusqu'à un si lointain passé. Ménélik a sûrement plus ressemblé à un Louis XI qu'à un roi carlovingien. Les nobles gens de son entourage placent encore leur fierté unique dans la pratique des armes et leur orgueil dans les excès de la force. Ceux qui, en Éthiopie, cultivent à l'écart le respect des choses du savoir et affinent leur goût, sont une minorité. Plongés dans un milieu très rude il est impossible que leurs âmes ne souffrent point. Ils ont la conscience de leur supériorité et ils sont exposés à être constamment brimés. A une violence ils n'ont à opposer qu'une parole, à une injustice qu'un texte. Cela crée chez eux une sorte d'orgueil pusillanime, de haine voilée de révérence, pour des maîtres qu'il faut subir.

Sans doute la science d'Hailé-Mariam était d'ordre composite. Elle avait pour base première la connaissance de la théologie et celle du droit qui, en ce pays biblique, ne se séparent pas plus l'une de l'autre que dans l'empire d'Islam. Il possédait à fond cette langue gheez qui correspond à la langue aujourd'hui parlée en Éthiopie, l'amharique, comme le latin au français. A cette culture d'érudition il ajoutait une connaissance rudimentaire de l'hébreu, des langues grecque et italienne telles qu'on les parle en notre temps, voire une teinture de français.

Les progrès que je réussis à lui faire réaliser dans cette langue au bout de quelques mois de travaux communs témoignent combien les cerveaux de ces Asiatiques africains, façonnés par la spéculation byzantine, sont prêts à recevoir toute culture. Hailé-Mariam n'était pas seulement érudit : il avait du goût. J'ai lu par-dessus son épaule nombre de textes gheez. J'entends que dans la palette de mots empruntés à nos vocabulaires communs, nous cherchions celui qui représentait le mieux les énergies et les nuances du texte. Jamais je n'ai eu l'impression qu'un scribe trop zélé avait mêlé des réflexions de son cru à la chronique primitive sans que Hailé-Mariam se soit arrêté dans la lecture et ne m'ait dit spontanément :

— La langue devient mauvaise : nous sommes ici devant une fantaisie de copiste.

Je compléterai suffisamment le portrait d'un intellectuel éthiopien au début du vingtième siècle en notant que Hailé-Mariam était à la fois patriote et aigri, qu'il avait bien juste trente ans, qu'il en paraissait davantage, surtout lorsqu'il se coiffait du chapeau gris à larges bords dont le bronze de son visage était assombri. Il préférait une causerie à une marche, une négociation à une partie de chasse, un bon souper à un repas de fortune, une mule à un cheval.

Un matin que sur le chemin d'Addis-Alem,
— le Versailles éthiopien, — Hailé-Mariam
et moi nous faisions route côte à côte, la conversation s'engagea sur les origines juives de la nation éthiopienne et sur ce que le ras Makonnen
m'en avait découvert.

Pour rafraîchir nos montures, notre troupe
s'était arrêtée au pied du mont Managacha. C'est
un site enchanteur. Avec ses bosquets, ses eaux
courantes, cette réserve semble avoir été ménagée
au milieu d'une route déboisée afin d'offrir aux
pèlerins d'Addis-Alem une halte de repos.

Nous nous étions étendus au bord d'un ruisseau
pour jouïr de l'heure et de la beauté du paysage.
Hailé-Mariam regardait avec plaisir les belles
servantes qui, dans nos gobelets de corne, ver-
saient le tedj doré.

Soudain il déclara :

— L'épreuve à laquelle vous nous condamnez,

vous autres Européens, est rude! Nous venons à vous avec la confiance et la spontanéité des belles filles que voilà, qui aiment à épuiser leurs ressources de miel afin d'apaiser la soif de leurs hôtes. Nous n'avons pas les yeux assez grands pour admirer les merveilles que vous nous présentez, pas les oreilles assez profondes pour recueillir les récits que vous nous débitez, sur vos gloires passées, sur vos fiertés présentes et sur vos certitudes de progrès. Après cela, lorsqu'à notre tour nous prenons timidement la parole pour vous confier ce qui est l'honneur de notre tradition, le soutien perpétuel de notre force, notre part de la grande Promesse, vous haussez les épaules, au moins vous détournez la causerie comme on en use avec les enfants qui se divertissent d'un songe!

Le visage de mon compagnon avait revêtu cette intensité d'expression qui est le reflet extérieur des sentiments passionnés:

— Au bout du compte, s'écria-t-il, que savez-vous de nous? Vous traitez de légende la certitude où nous vivons que par les aïeux de nos aïeux, les Kemant, par Makeda, reine d'Éthiopie, par le fils qu'elle enfanta des œuvres de Salomon, par les compagnons de ce fils, détachés des douze tribus, nous descendons de Jacob et nous nous rattachons à la lignée de Jésus. Vous voulez nous exclure des célestes héritages! Vous faites de nous des gens venus on ne sait d'où, des bâtards sans origine ! En ce qui nous concerne, vous êtes prêts à accepter toutes les opinions, excepté la vérité.

Ce n'était pas la première fois que le Tigréen formulait devant moi ces doléances. Jamais il ne leur avait donné un si vif accent de reproche.

Je lui répondis avec affection :

— Je ne sais, Hailé-Mariam, quel accueil vous avez reçu auprès de diplomates, trop attachés aux contingences d'aujourd'hui pour s'intéresser bien vivement à ces histoires d'autrefois, ou auprès de commerçants trop préoccupés de leur gain pour vous suivre, vous et votre peuple, sur ce terrain des spéculations spirituelles. Du moins puis-je vous affirmer que vous n'aurez pas vainement fait appel à ma bonne volonté et à ma bonne foi. Et, après tout ! Pourquoi vous et les vôtres n'auriez-vous pas raison contre les raisonneurs ? Pourquoi l'aventure de la Reine de Saba serait-elle un pur roman alors qu'il est aujourd'hui démontré que l'*Iliade* n'en est pas un ? Pourquoi cette princesse à la figure bronzée ne serait-elle pas l'aïeule de votre dynastie ? Mais quand bien même vous me convaincqueriez de l'existence de Makeda et de la légitimité des prétentions éthiopiennes, là-bas, en Europe, on ne m'en croira pas sur parole. A l'aide de quel texte, par quel monument établis-

sez-vous la filiation dont vous vous flattez ? Met-
tez-moi seulement à même de feuilleter les annales
où la thèse que vous soutenez est exposée. Après
cela je rendrai bien volontiers le témoignage en
faveur de votre sincérité.

III

Le temps de la halte était consommé ; il nous fallait remettre le pied à l'étrier si nous voulions atteindre Addis-Alem et dresser nos tentes avant la chute du soleil.

— Regardez autour de vous, me dit mon compagnon, ce paysage jusqu'à l'horizon dénudé, contemplez ces files de pauvres gens qui se dirigent vers la ville, pliés sous le poids de fagots trop lourds. Qu'ils vous soient la raison vivante pour laquelle notre pays, si traditionnel, est misérablement dénué d'archives un peu anciennes. A travers les siècles nos Empereurs en ont usé comme Ménélik avec Addis-Ababâ. Ils ont aimé à vivre au milieu des camps. Ces camps sont devenus des villes. L'une après l'autre ces villes ont été abandonnées dès que les ravages du déboisement ont empêché une agglomération un peu considérable de se soutenir dans une région desséchée. Ainsi nos livres ont enduré à travers les temps, toutes les vicissitudes des voyages et de la guerre. Ce qu'il en reste a été jalousement recueilli par nos moines. Ces religieux sont défiants par éducation et par expérience. Et aussi bien ils n'ont pas eu à se louer de leurs contacts avec les Européens. Je ne parle pas des richesses qui nous ont été arrachées de vive force par des conquérants : des manuscrits communiqués par ordre des Empereurs à des voyageurs de distinction ne nous ont jamais été rendus. La crainte de voir s'en aller par le même chemin les derniers témoins de nos traditions religieuses et historiques a poussé notre clergé à ensevelir les manuscrits précieux que nous possédons encore dans de véritables cachettes. C'est chose difficile que de les en sortir. Les moines ne se font pas faute de recourir au mensonge pour protéger leur trésor contre le Suverain lui-même. Ils répondent évasivement. Ils ne savent pas de quoi on leur parle. Ils promettent des recherches. Ils traînent de longueur. Ils lassent les patiences les mieux armées.

Le brusque silence dans lequel s'était arrêté le Tigréen m'instruisit qu'il luttait contre soi-même pour me livrer dès cette minute toute sa pensée. Je jugeai qu'il fallait employer à son endroit la tactique dont on use avec les antilopes que l'on vient de lever. Le chasseur expérimenté ne se jette pas sur leurs traces ; il les laisse respirer un peu longuement. Il se découvre quand elles ont repris confiance.

Hailé-Mariam avait donné du talon dans les flancs de sa mule. Il voulait gagner quelques longueurs sur mes porte-fusil. Quand il se crut assez éloigné de leurs oreilles, il dit avec une ardeur émouvante :

— Jurez-moi que tant que vous serez dans ce pays, vous ne raconterez à quiconque que vous tenez de Hailé-Mariam le renseignement que je vais vous donner ?

Puis, quand j'eus engagé ma parole aussi sérieusement qu'il l'exigeait il prononça solennellement :

— Je sais en quelles mains se cache le manuscrit qui avec tous ses développements rapporte l'histoire de Makeda, reine d'Éthiopie, sa visite à Salomon, le voyage de son fils à Jérusalem, le rapt des Tables de la Loi, leur installation dans notre pays, le sacre de la lignée salomonesque dont descend Celui qui encore aujourd'hui a le droit d'apposer en tête de ses édits le sceau qui figure le Lion de Juda, et de se déclarer Roi des Rois, Élu du Seigneur. Faites seulement quand l'heure en sera venue, ce que je vous dirai. Vous ne craignez pas, vous, la rancune de nos prêtres ! Quant à Ménélik, il vous saura gré d'avoir fait remonter à la lumière le titre qui, avec la régularité de ses droits, établit la légitimité de son lignage.

IV

LA pusillanimité d'un homme dont le cerveau est supérieurement éduqué et qui voit du péril à produire sa sincérité dans les occasions les plus innocentes est un spectacle qui donne de la tristesse.

Après cet élan de confiance arraché par la passion à sa prudence coutumière, du temps fut nécessaire pour ramener mon Tigréen sur le sujet qui m'intéressait exclusivement. Je fus d'ailleurs récompensé de cette patience. Et aussi bien l'histoire qu'il me conta, apparaît comme un miroir où se reflètent au complet les aventures dont l'Éthiopie a été secouée au cours du dernier siècle.

La première trace du précieux manuscrit dont nous allions poursuivre la recherche remonte, dans les souvenirs de Hailé-Mariam, à une quarantaine d'années : à la prise de Magdala par Sir Robert Napier. On le sait, le Négus Théodoros, qu'une usurpation avait fait Empereur d'Éthiopie, s'était attiré le courroux du Royaume-Uni en retenant dans les fers quelques voyageurs anglais. La foudroyante expédition qui jeta à l'escalade du plateau éthiopien, des hommes, des chevaux, des éléphants indiens, commandés par un soldat d'une rare énergie, est demeurée comme un exemple des prodiges que l'Angleterre peut accomplir pour la défense de son droit (1). Surpris par cette trombe, Théodoros ne fut pas seulement vaincu : poursuivi jusque dans sa forteresse, il se vit acculé au suicide. Il n'avait pas fini de râler quand les soldats anglais enfoncèrent la porte de sa chambre.

Pour récompenser tant d'élan, Sir Robert Napier permit le pillage. On emporta pêle-mêle ce qu'on trouva autour du lit du Négus, armes, or, bijoux, sans compter quelques livres dont Théodoros ne se séparait jamais. D'ailleurs l'armée anglaise ne s'arrêta pas plus longtemps à peser sur l'Éthiopie. Elle était venue pour châtier Théodoros, non pour soutenir la cause de Jean, celle de Ménélik ou de tout autre candidat à la couronne impériale.

Ce désintéressement n'était pourtant qu'une apparence. Le Gouvernement de Sa Majesté attendait la pacification du pays afin de récolter quelques privilèges d'alliance là où l'on avait si heureusement semé. Donc, dès que l'Empereur Jean eut triomphé de ses rivaux, on lui envoya en am-

(1) 1868

bassade un amiral qui apportait des paroles conci-
liantes et une couronne d'or.

Le nouveau Négus était une façon de moine-
soldat. Il voulut recevoir le légat de la Reine
d'Angleterre dans l'éclat d'une pompe semi-reli-
gieuse, semi-belliqueuse, au milieu du cercle de
ses ras et de ses prêtres. Ce fut ainsi que le père
de Hailé-Mariam, qui appartenait à une paroisse
d'Axoum, assista à l'entrevue.

Afin d'accueillir avec la pompe convenable l'ambassadeur qu'on lui envoyait, le Négus Jean avait
posé sur sa tête la couronne impériale de Juda.
En apercevant le joyau dont la Reine du Royaume
Uni voulait lui faire présent, il flaira le symbole
d'un protectorat. Il fronça les sourcils et prononça :

— Ai-je deux têtes pour porter deux couronnes ?

L'Amiral demanda à l'Empereur Jean si, de sa
part, il ne pourrait rapporter à la Reine Victoria
quelque parole plus obligeante ?

Le Négus répondit :

— Dis à ta Reine que ses soldats ont pris dans
la chambre de Théodoros le livre auquel les Empereurs d'Éthiopie tiennent le plus. C'est l'histoire
de la Reine de Saba, de Salomon et de leur fils :
« Notre Livre. » Je prie Dieu qu'il revienne.

L'Angleterre avait pour lors la volonté de com-
plaire à Jean, car dans le tas énorme des livres
que les soldats de Sir Robert Napier avaient

emporté de Magdala, on fit rechercher à Londres le manuscrit que réclamait le Négus. On le lui renvoya comme il l'avait demandé. Mais il était écrit que les aventures du précieux manuscrit ne s'arrêteraient pas là.

V

Des années avant que les Anglais projetassent de descendre à Kartoum afin d'en chasser le Mahdi, le Négus Jean, en sa qualité de souverain chrétien, entreprit contre ces infidèles une guerre qui, à ses yeux, revêtait le caractère d'une croisade.

L'entreprise était périlleuse ; aussi les rois d'Éthiopie, sollicités par leur Suzerain, montrèrent peu d'empressement à rallier sa bannière. Seul, Ménélik, qui déjà était roi de Choa, accompagna l'Empereur dans cette campagne.

On sait comment elle prit fin : Jean y perdit la vie ; quant à Ménélik, il se hâta de se replier sur l'Éthiopie afin de reconquérir dans l'émotion publique cette couronne impériale et ce sceptre du Roi des Rois qu'une suite d'usurpations, en rupture avec la tradition salomonesque, avaient arrachés aux mains des souverains du Choa, ses directs aïeux.

Dans cette préoccupation politique, Ménélik ne s'arrêta pas à dresser l'inventaire des richesses que le défunt Négus avait laissées dans sa tente. Or, parmi les livres se trouvait tout justement ce manuscrit que des soldats anglais avaient autrefois ravi sous le chevet de Théodoros, que Jean avait fait revenir de Londres, et que, lui-même, après l'avoir reconquis, il emportait avec soi dans tous ses déplacements.

Il ne convenait pas qu'une telle relique tombât aux mains des Musulmans. Le manuscrit disparut, sans doute par les soins du confesseur de Jean ou de quelqu'un des moines qui formaient l'entourage intime de ce pieux Négus.

— Depuis lors, me dit Hailé-Mariam, la trace de ce livre est officiellement perdue... Je crois pourtant deviner où il se cache... Et si Ménélik veut allonger son bras...

L'humeur de ces souverains absolus, qui, comme le dit le proverbe arabe, ont « des caprices d'enfants et des griffes de lions », n'est ni moins redoutable ni moins mouvante que la mer. La sagesse nous commandait dans l'occasion d'attendre pour apporter notre requête qu'une brise favorable eût chassé tous les nuages du front de l'Empereur.

Cette occasion, désirée, ne se fit pas trop attendre. Nous résolûmes de profiter sans retard des dispositions heureuses qu'une nouvelle téléphonée de la frontière orientale venait de développer chez le Négus.

Autour des trônes orientaux et des redoutables majestés qu'ils portent, rôdent, depuis que la chronique et l'histoire ont de la mémoire, des personnages pittoresques, merveilleusement doués pour flatter les rois, pour les duper autant qu'il est nécessaire, pour les satisfaire autant qu'il est avantageux, quitte à laisser parfois beaucoup de leurs plumes au jeu et à finir sous des haches ou dans des basses-fosses, quand ils ne réussissent pas de vive force à conquérir l'opulence.

Et sans doute Ménélik avait autour de lui toute une phalange de ces ingénieux courtisans. Dans l'intervalle des affaires sérieuses ils lui donnaient pour son argent le spectacle de scapinades, parfois divertissantes, toujours imprévues.

A la minute où je vins planter ma tente à l'ombre du Guébi d'Addis-Alem, un nom voltigeait sur les lèvres des courtisans et du peuple. Il s'agissait du héros de la dernière de ces farces héroï-comiques, dont le Négus se divertit tour à tour et se fâche, d'un certain Serkis.

J'avais connu cet homme sans aïeux en des jours où la bascule de sa fortune marquait le temps mineur. Il avait, certes, l'encolure et l'audace de son périlleux état. En lui j'avais reconnu un de ces entrepreneurs de chimères, indispensables aux civilisations commençantes, et que l'on ne saurait peser sans injustice dans les balances de la moralité commune.

Attentif à deviner les désirs du Souverain, Serkis n'ignorait point combien Ménélik souffrait de voir indéfiniment retardée par des concurrences diplomatiques la joie qu'il se promettait à contempler enfin l'apparition d'une locomotive, montée de la côte orientale, et stoppant, tout essoufflée, en gare d'Addis-Ababâ.

Donc, un matin que des cabales de ministres

avaient particulièrement aiguisé ce regret, l'audacieux Serkis vint trouver le Négus :

— Votre Majesté, demanda-t-il, permet-Elle que j'aille en Europe lui chercher une locomotive ? Veut-elle que sans rails, sans secours d'ingénieurs, je la hisse, moi, Serkis, jusqu'à son Guébi d'Addis-Ababâ ?

Surpris par cette fantaisie, certes imprévue, Ménélik ne cacha pas un étonnement amusé. Évidemment il se réjouissait comme d'une malice de jouer ce tour aux diplomates qui, semblait-il, avaient décidé de lui refuser une récompense où il apercevait lui-même l'apothéose de sa politique. Mais en même temps qu'il souriait à cette proposition hardie, le Négus pesait à part soi les chances de la réussite. Il connaissait en effet les bourbiers du désert, les fleuves qui coupent les routes, les escarpements que la poudre et la dynamite devront attaquer pour ouvrir un passage au chemin de fer.

Il demanda donc après réflexion :

— Ta locomotive, Serkis, tu l'apporteras par les airs ?

L'Arménien répondit :

— Je la tirerai à bras d'hommes. Votre Majesté fera connaître son désir aux gouverneurs des différents territoires que la locomotive et moi nous aurons à traverser. J'en suis sûr, les sujets de Votre Majesté mettront de l'amour-propre à obéir au Roi des Rois.

Le bon courtisan semblait si assuré de l'enthousiasme de ces corvéables, que le Négus ne voulut pas paraître moins optimiste que lui.

— Soit, répondit-il, fais ce que tu as dit et tâche de réussir.

Sur cet encouragement Serkis était parti pour l'Europe, les poches lourdes d'or.

On était demeuré fort longtemps sans recevoir de ses nouvelles. Déjà cet inquiétant silence rendait courage aux rivaux que son coup d'audace avait déconcertés. Mais de nouveau, les mines s'allongèrent. Un message venait d'arriver pour l'Empereur : il annonçait que Serkis, heureusement débarqué à Djibouti, en compagnie de la locomotive fatidique, se proposait d'entreprendre sans délai la deuxième moitié du voyage.

C'était évidemment à cette minute que les difficultés commençaient. On se gardait d'y penser. On allait, les yeux levés, vers la satisfaction de l'Empereur. De nouveau, le nom de Serkis circulait d'un groupe à l'autre, avec un tintement loyal, comme si jamais on ne l'avait connu fausse monnaie.

VII

Sɪ je conte ici cette aventure de Serkis, c'est,
d'abord, que, plus qu'un long chapitre de
considérations variées, elle donne la couleur de
ces cours ambulantes qu'un Négus éthiopien traîne
après soi dans ses déplacements. C'est aussi parce
que les moyens que cet Arménien avait mis en
jeu pour se rendre agréable aux yeux du Maître
me parurent un excellent exemple à suivre, au
moins pour cette fois.

Je réfléchis que l'homme qui voulait obtenir de
Ménélik la communication d'un manuscrit trois
fois sacré était lui aussi un postulant; et je me
mis en quête d'un moyen de faire ma cour au tout-
puissant petit-fils de Salomon par un artifice qui
provoquerait d'abord son sourire.

Une équipe d'ouvriers hindous, employés à la
couverture de l'église d'Addis-Alem venait de
se mettre en grève. C'étaient gens de mauvais
vouloir. Ils faisaient grand bruit de la protection

que leur devait le ministre de Sa Gracieuse Majesté Britannique.

Ménélik était venu à Addis-Alem tout exprès pour surveiller la construction de cette église. Habitué à l'obéissance des petits et des grands, il avait, devant cette arrogance d'étrangers infimes, une colère de lion attaqué par des moucherons.

Je me rendis au lever du jour sur le chantier désert. Je ralliai quelques gens de bonne volonté qui se déclaraient ravis de faire plaisir à leur Empereur. Il s'agissait en somme de marquer sur des tuiles de fibro-ciment qui portaient la firme de Poissy-sur-Seine les places précises où l'ouvrier devait enfoncer son clou, afin de fixer, dans les lattes du toit, deux ardoises en ce point superposées.

Comme les Hindous avaient emporté leurs outils, avec eux je fabriquai des équerres en bois de cèdre. Elles nous servirent de règles pour figurer à l'intersection de deux lignes qui se coupent, l'endroit où il fallait donner du marteau.

Cette indication suppléa à notre inexpérience. Lorsque quelques centaines de tuiles furent ainsi balafrées, nous nous hissâmes sur le toit de l'église, et des flaneurs s'assemblèrent pour nous voir occupés — tels de bons disciples d'Hiram — à l'édification du Temple.

Au cours de la journée, Ménélik qui passait dans le voisinage entendit le bruit de nos maillets. Il se demanda si les Hindous avaient repris leur travail et s'approcha pour inspecter leur ouvrage. Il m'aperçut sur le toit, mais je me gardai bien de le voir. J'étais trop occupé à diriger mon équipe. Et puis je voulais lui épargner la petite confusion d'avoir à remercier de son initiative un homme, même ami, qui venait de lui apporter de Paris une lettre de M. le Président de la République.

VIII

Je fus récompensé le même soir de cette discré-
tion.

Comme je m'asseyais devant ma tente pour le
repas de la nuit, une cohorte d'échansons, envoyés
par le Négus, vint m'apporter en pompe une suite
de ragoûts et des beaux fruits qu'à la même minute
on servait sur la table impériale.

Cette délicatesse d'hospitalité est en Éthiopie le
signe de la plus haute faveur, aussi mon compagnon Hailé-Mariam devint-il tout pâle lorsque,
après avoir déchiffré la lettre qui accompagnait
l'envoi, je lui annonçai cette heureuse nouvelle :

— L'Empereur nous recevra demain.

IX

DANS sa retraite d'Addis-Alem, l'Empereur était
à la fois plus difficile à voir et plus accessible
qu'à Addis-Ababâ. Il venait là pour éviter les fâ-
cheux et il leur fermait délibérément l'accès de
son audience; par contre, c'était avec plus de loisir qu'il recevait ceux dont la visite l'intéressait
ou lui donnait du divertissement.

Il me fit introduire à l'issue d'une petite cour
de justice qu'il avait tenue pour régler lui-
même un différend survenu entre des paysans du
lieu.

Selon l'usage, je le trouvai, assis en tailleur,
les coudes soutenus par des coussins de pourpre,
sur un divan que recouvraient des tapis de soie.
Le bandeau blanc qui ceignait ses tempes, le sommet de son front, aggravait la couleur basanée
de son masque. Les manches d'une petite tunique
de soie blanche, serrée au poignet par une légère

broderie d'or, sortirent de dessous sa pèlerine de satin noir, lorsqu'il me tendit la main.

Deux signes favorables indiquèrent que notre entrevue se passerait dans la bonne grâce.

Lorsque cette main, longue, fine, très soignée, qui volontiers caressait la barbe assez grêle et grisonnante, démasqua la bouche, le sourire m'apparut à pleines dents, ce sourire du Négus, encore surprenant de jeunesse, qui ne disait pas la sensualité, mais l'esprit, et dont la grâce bienveillante offrait un si vif contraste avec la puissance léonine du visage.

En second lieu, Ménélik donna l'ordre que l'on nous laissât, Hailé-Mariam et moi, seuls avec lui. Les affaires qui m'avaient amené à Addis-Ababâ étaient réglées. Afin de ne point gâcher l'intimité de cette causerie, le Négus n'y voulait pas de témoins.

X

Dès que les officiers de garde se furent retirés,
Ménélik déclara :

— J'ai lu avec beaucoup de plaisir la lettre de
M. le Président de la République que tu m'as apportée. Je suis content d'apprendre que la France
désire autant que moi l'arrivée d'un chemin de fer
à Addis-Ababâ. Ainsi les délais que je redoutais
seront abrégés. Mais tout de même je n'ai pas
voulu attendre la bonne volonté de tout le monde
pour me faire plaisir. J'ai pris les devants. As-tu
vu la route que je fais préparer pour me rendre à
mon palais d'Addis-Alem ?

Cette route que des milliers de Chankallas assistés de Gouraguiés, de soldats appelés des provinces les plus lointaines, construisaient avec une
imposante lenteur, était, à ce moment-là, la fable de
l'Éthiopie. On disait que quand elle serait achevée,
l'Empereur et l'Impératrice qui, en l'absence de tout
chemin même médiocrement carrossable, étaient
obligés de recourir à la monture de la mule pour

se rendre à leurs habitations suburbaines, pourraient se faire conduire en voiture attelée, depuis la capitale jusqu'à Holota et à Addis-Alen. Déjà les ambassadeurs avaient offert en concurrence des harnachements de gala et des landaus dont l'état des pistes et les pentes ne permettaient pas encore de faire usage.

Les visites à la route en construction occupaient tout le temps que l'Empereur au cours de sa vacance, ne donnait pas à l'édification de l'église.

Je répondis, en bon courtisan, que je n'avais jamais vu une route dessinée dans des proportions plus triomphales.

Ménélik attendait cette réponse.

— Tous les étrangers, reprit-il, qui habitent Addis-Ababâ me parlent en effet de cette route comme d'une merveille. Je te permets de marcher dessus. Mais, puisque tu l'as visitée, tu as pu voir comme les cailloux que l'on accumule mettent du temps à s'enfoncer dans la terre? Alors quelqu'un m'a parlé d'une locomotive routière et de l'usage que vous en faites en Europe. On m'a montré des dessins. J'ai beaucoup désiré en posséder une en attendant que l'autre m'arrive sur des rails qui courront depuis Djibouti. Mais comment hisser une pareille masse sur notre plateau?

On ne peut imaginer sans en avoir soutenu l'éclat quel était jusqu'aux dernières années de sa force, l'intensité de lumière, d'intelligence et de

[113]

8

vie qui passait dans les yeux du Négus lorsque sa pensée, toujours profonde, venait à s'éclairer de gaieté.

Ménélik continua :

— Tu connais Serkis ?

Et un mouvement de main indiqua qu'il pesait le personnage à son poids exact.

— ... Je l'ai envoyé chercher la locomotive routière. Il arrive avec elle à Djibouti. Je viens d'en être informé et moi je vais me rendre au-devant d'elle. Ce matin même, j'ai fait appeler cet officier que le Tsar de Russie a mis à ma disposition. Je lui donne autant de monde qu'il m'en demande. Mais je veux qu'il m'établisse une piste qui aille à la rencontre de la locomotive jusqu'à la gare de Diré-Daoua où le chemin de fer s'arrête. Il y a des ravins et des montagnes à franchir. Je le sais, mais nous les passerons sur des ouvrages d'art improvisés pour un jour. L'officier russe dit qu'il y en a pour quatre cent cinquante kilomètres. Soit. Je lui ai dit ma volonté : il est déjà au travail.

Puis, sans même me laisser le temps de lui dire que, décidément, l'Afrique sera toujours la terre des Pharaons et des miracles, le pays où les Pyramides sortiront de terre, où des hommes primitifs accompliront des œuvres devant lesquelles reculent la civilisation et ses ressources, Ménélik dit avec bienveillance :

— Mais parlons de toi.

XI

Évidemment quand il m'avait aperçu sur la toiture de son église, Ménélik avait deviné que je me préparais à lui présenter quelque requête. Il se souvenait de mes demandes d'autrefois, il pensait que je désirais reprendre au Dabous ma chasse aux éléphants, interrompue trois années plus tôt par la nécessité d'aller dresser pour lui la carte du pays des Beni-Changoul.

Il dit spontanément :

— Je te préviens que les éléphants deviennent tous les ans plus sauvages. Il te faudra pousser encore plus loin qu'à ton premier voyage si tu veux courir après eux.

Je provoquai chez l'Empereur un étonnement qu'il ne cacha point en lui disant que je ne songeais à poursuivre ni l'éléphant, ni le buffle, mais que j'étais sur la piste d'un livre que je désirais passionnément atteindre.

Le visage de Hailé-Mariam était presque décomposé par la peur tandis qu'il fournissait des indications sur le lieu où sans doute le manuscrit était tenu dans l'ombre, sur les personnes qui veillaient autour de ce secret.

Après avoir entendu nos explications, Ménélik réfléchit un peu de temps. Sa figure de lion pensif s'éclairait dans ces occasions d'une lumière qui imposait le respect. Il devenait un intéressant exemplaire d'attention et de force.

A la fin il dit :

— Je suis d'avis qu'un peuple ne se défend pas seulement avec ses armes, mais avec ses livres. Celui dont vous parlez est la fierté de ce Royaume. Depuis moi, l'Empereur, jusqu'au plus pauvre soldat qui marche dans les chemins, tous les Éthiopiens seront heureux que ce livre soit traduit dans la langue française et porté à la connaissance des amis que nous avons dans le monde. Ainsi l'on verra clairement quels liens nous unissent avec le peuple de Dieu, quels trésors ont été confiés à notre garde. On comprendra mieux pourquoi le secours de Dieu ne nous a jamais manqué contre les ennemis qui nous attaquaient.

Là-dessus, il se tourna vers Hailé-Mariam et avec une impatience qui était fréquente chez lui et qui se faisait jour lorsque quelque délai apparaissait entre une chose qu'il venait de décider et l'exécution, il demanda :

— Mais es-tu bien sûr de ce que tu dis ?

Mon compagnon, que cette vivacité achevait de désorienter, susurra, plus qu'il ne l'affirma, que le manuscrit était caché à Addis-Ababâ même. Il s'agissait seulement de manifester une volonté nette, de faire apporter le livre sur l'heure afin de ne point laisser le temps à ceux qui le gardaient de l'expédier tout doucement dans l'intérieur du pays, quitte à jurer ensuite, par les serments les plus sacrés, qu'ils ne l'avaient pas en leur possession.

— *Ihoun !* dit l'Empereur.

C'est-à-dire :

« Que cela soit ! »

Les Négus d'Éthiopie trouvent dans les ressources de leur langue deux termes pour exprimer leur volonté et leur commandement : l'un est « *Ichi* », l'autre « *Ihoun* ». Ils se traduisent littéralement par « Ainsi soit-il ! » Mais, au point de vue des résultats, ils ont une qualité bien différente : « Ichi », a, au fond, la valeur de notre « Parfaitement... Parfaitement... » C'est un petit mot dont on scande les dialogues que l'on poursuit avec des solliciteurs. Ce « parfaitement » n'engage à rien, c'est une virgule de politesse. « Ihoun » a la valeur d'un ordre. Si la chose en vaut la peine il est accompagné d'un froncement de sourcils. Et chacun sait que lorsque Jupiter plisse son front, la foudre n'est pas loin.

XII

Huit jours ne s'étaient pas écoulés quand je recueillis la preuve que Hailé-Mariam et moi nous avions obtenu à Addis-Alem un « Ihoun » de bonne qualité.

J'ai su depuis que les moines qui se sont constitués les gardiens du livre avaient été frappés de stupeur en recevant l'ordre de communiquer à un étranger cette relique à laquelle ils attachent un prix superstitieux. Ils essayèrent une dernière défense. Ils déclarèrent qu'ils étaient justement occupés à recopier le manuscrit. Quand ce travail serait achevé, ils me remettraient bien volontiers cet exemplaire tout frais. Mais l'Empereur répéta son ordre d'une façon qui ne permettait point de tergiversations :

— Vous ferez votre copie plus tard !

Et il fallut obéir.

Je vis donc arriver à mon enclos d'Addis-Ababâ un haut fonctionnaire. Il se présenta avec les déploiements de cortège qui convenaient à un en-

[118]

voyé de l'Empereur. Les chevaux, les mulets et les fusils de son escorte encombraient la pelouse qui me servait de cour d'honneur.

J'accueillis ce messager dans les formes d'usage. Il était porteur d'un manuscrit qu'habillait entièrement une étoffe précieuse. Je le reçus de ses mains, non sans émotion.

Une percale à fond groseille, ramagée de fleurs jaunes, habillait la reliure, elle-même formée de deux planchettes en bois de cèdre recouvertes de maroquin rouge. Il va de soi que le mot de « maroquin » est ici tout à fait impropre. Les Éthiopiens nomment « tambéné », du nom de la province tigréenne de Tamben où ces peaux sont spécialement travaillées, le cuir que j'avais sous les yeux. Le dos du volume ne portait aucune lettre indicatrice d'un titre. Le plat et le revers étaient ornés de façon identique. Je l'ouvris et je me trouvai en face d'un manuscrit de vingt-six centimètres de hauteur sur vingt-cinq de large et sept d'épaisseur. La matière était de peau de chèvre. Je comptai cent soixante-quatre feuillets, y compris la feuille de garde et le verso. Ces feuillets étaient écrits sur deux colonnes, de dix-sept centimètres de hauteur et de huit de large. Il y avait régulièrement dix-neuf lignes par colonne, tracées d'une écriture régulière, un peu grosse. Les caractères atteignaient une hauteur moyenne de quatre à cinq millimètres. Les changements de chapitre étaient indiqués sans alinéa, par le fait que les deux premières lignes du chapitre nouveau avaient été, d'un bout à l'autre, écrites à l'encre rouge.

La feuille de titre portait l'indication suivante :

O. R. 819.

PRESENTED BY
THE SECRETARY OF STATE
FOR INDIA
AUG. 1868
393

Au bas du second feuillet, le premier écrit du manuscrit, dans l'espace laissé libre, entre les deux colonnes d'écriture, je relevai un cachet à l'encre rouge d'environ deux centimètres et demi de diamètre. Il figurait le lion et la licorne soutenant un écusson : « British Museum ».

Le verso du dernier feuillet du manuscrit portait — outre l'estampille à l'encre rouge et l'écusson qui viennent d'être décrits — les lignes suivantes, tracées d'une écriture cursive et très inclinée :

This volume was returned to the
King of Ethiopia by order of the Trustees
of the British Museum
DEC. 14TH 1872
J. WINTER JONES
Principal Librarian

Il n'y avait plus de doute possible : le livre que je tenais dans mes mains était bien cette version de l'histoire de la Reine de Saba et de Salomon, que Négus et Prêtres d'Éthiopie considèrent comme la plus authentique de toutes celles qui circulent dans les bibliothèques européennes et dans les monastères abyssins. C'était le livre que Théodoros avait caché sous son oreiller, la nuit où il se suicida, celui que les soldats anglais avaient emporté à Londres, qu'un ambassadeur rendit à l'Empereur Jean, que ce même Jean feuilleta dans sa tente, le matin du jour où il tomba sous les cimeterres des Mahdistes, celui que les moines avaient dérobé.

Ménélik le rendait à la lumière.

XIII

J'ai connu dans la jungle les joies du chasseur qui découvre les gibiers antédiluviens dont son enfance a rêvé. Ces ivresses sont violentes ; elles n'égalent pas la palpitation de cœur que l'on éprouve à feuilleter un vieux livre où un peuple songeur a enfermé, comme dans un vase précieux, le parfum de sa tradition.

Les heures, les semaines, les mois pendant lesquels avec mon érudit compagnon je vécus hors du temps et de l'espace, en compagnie de la Reine de Saba, de Salomon et de leurs Fils, demeurent pour moi un souvenir si unique, que je me demande parfois si je n'ai pas fait un songe.

Les nécessités de ma mission ne me permettaient pas de m'attabler comme un bénédictin dans la maison de bois de cèdre, de boue et de chaume, qui, à Addis-Ababâ, me servait de quartier général. Il me fallait rayonner, suivre l'Empereur dans ses déplacements, m'éloigner moi-même pour aller dresser du côté du sud la carte des régions peu fréquentées que traverse le fleuve Aouache. J'étais préoccupé d'étudier cette partie de son cours, ses affluents, d'examiner dans quelle mesure on pourrait, à l'aide d'un léger barrage, l'obliger, à féconder le plateau, aujourd'hui désert, qui sépare son bassin du bassin du lac Zouaï.

L'obligation de ces perpétuels déplacements, les longues chevauchées, le souci de former et de reformer perpétuellement la troupe de soldats et de bêtes qui font cortège aux déplacements de la plus modeste tente, la nécessité de chasser quotidiennement pour nourrir mes gens aux dépens des pintades et des antilopes, le goût d'ajouter quelques paires de cornes rares à une collection déjà très complète, tout cela était autant d'obstacles à un travail régulier.

Certes, pour moi et pour mon compagnon il ne ressembla jamais aux besognes livresques que l'on accomplit dans une bibliothèque ou dans un cabinet de travail. Par contre, nous avions le bonheur d'être plongés dans la nature même qui a inspiré ce poème en prose. Tous les détails qui le rendent frémissant de vie apparaissaient à nos yeux, au toucher de nos mains.

Nous travaillions, le plus souvent, le livre ouvert sur nos genoux, après le rapide souper, pendant que les soldats, accroupis autour des feux, causaient un peu plus loin, à voix basse.

[123]

Bien souvent les nocturnes clartés du ciel suffirent pour pousser notre lecture. Les petites bougies qui tremblent dans un globe de verre n'apparraissaient pour la prolonger un instant, que sur la fin de notre veillée.

Alors vraiment nous n'appartenions plus aux actuelles réalités de ce monde. Nous nous réfugiions dans ce beau poème comme dans une tente merveilleuse. Nous respirions les inépuisables aromes qui se dégagent de la sagesse d'un Salomon, et aussi le parfum de cette Reine, dont le spirituel amour continue d'embaumer un chapitre de l'histoire des âmes.

CHAPITRE VI

MAKEDA, REINE DE SABA (1)

I

Il y avait un homme intelligent, Chef des Commerçants de Makeda, la Reine de Saba. Il s'appelait Tamrin. Il chargeait cinq cent vingt chameaux et possédait soixante-quinze boutres.

Quand Salomon, le Roi, voulut bâtir la Maison de Dieu, il envoya des messagers à tous les commerçants du monde, à ceux qui habitent en Orient ou en Occident, au Sud et au Nord, afin qu'on lui apportât ce qu'on avait. Et il promettait de payer double. Il avait entendu parler avec éloge de ce commerçant éthiopien, si riche. Il en-

(1) Extraits du *Kebar Nagast* ou *la Gloire des Rois*.

voya chez lui tout exprès pour l'inviter, car il voulait obtenir de lui de l'or rouge, pareil à celui des Arabes, des bois précieux et du marbre.

Ayant reçu cette invitation, le riche Tamrin, Chef des Commerçants de la Reine d'Ethiopie, alla chez Salomon. Le Roi prit de lui tout ce qu'il désirait et il paya double.

Après cela, ce commerçant intelligent resta auprès de Salomon pendant un long temps. Chaque jour, il voyait la Science de Salomon et il l'admirait. Il tâchait d'entendre sa voix de Justice. Il goûtait les douceurs de sa bouche et de sa parole lorsque le Roi allait et venait dans le travail. Tamrin s'émerveillait de l'amour que Salomon avait pour les siens et de sa loi et de son code. Quand le Roi commandait, c'était avec douceur et humilité. Il pardonnait à ceux qui commettaient des fautes; la sagesse et la crainte de Dieu gouvernaient sa Maison; le proverbe était dans sa bouche; sa voix était délicieuse comme le miel; sa beauté dépassait celle des autres hommes, et tout, en lui, était surprenant.

Ayant vu toutes ces choses, l'Éthiopien admirait.

Le temps vint pourtant où Tamrin dut retourner dans son pays. Il se présenta devant Salomon pour prendre congé. Il s'inclina, il le salua, il lui dit :

— Salut à Votre Grandeur. Donnez-moi congé pour que je retourne chez ma Maîtresse, dans ma patrie. Je suis resté ici très longtemps à contempler votre gloire, votre sagesse, à recevoir beaucoup d'aliments, dont, chaque jour, vous me faisiez largesse. Et, certes, j'aurais préféré demeurer auprès de vous comme un de vos serviteurs ! Car ils sont heureux ceux qui entendent vos paroles, ceux qui obéissent à vos commandements. Hélas ! je ne puis rester à cause de la confiance de ma Maîtresse, la Reine Makeda et aussi à cause de son argent que j'ai sur moi. Et je suis son serviteur.

Ayant entendu ces paroles, Salomon entra dans son palais. Il ouvrit son Trésor, il donna à Tamrin des présents glorieux pour l'Éthiopie, et il le renvoya en paix.

L'Éthiopien s'inclina, puis il sortit et prit sa route.

Il arriva chez sa Maîtresse. Il lui présenta tout ce que Salomon lui avait confié pour elle. Il conta comment il était allé au Pays de Judée, à Jérusalem. Il dit ce qu'il avait vu et entendu de Salomon. Comment le Roi jugeait et qu'il parlait avec pureté, qu'il ordonnait ce qui est droit, qu'il répondait avec humilité quand on l'interrogeait, qu'il ignorait le mensonge, qu'il avait envoyé partout des messagers afin d'attirer chez lui les commerçants du monde, et, par eux, de posséder des bois précieux, de l'or pur, des pierres taillées. Il en recevait chaque jour sept ou huit cents. Il prenait tout ce qu'on lui apportait, puis il payait le double. Et tout ce qu'il faisait était marqué des sceaux de la Science et de la Sagesse.

Tamrin contait ces choses à sa Reine chaque matin. Il expliquait l'organisation de la Maison de Salomon, la conduite de ses serviteurs et de ses servantes, les détails des invitations aux festins.

Après que la Reine Makeda eut entendu tous ces récits, son âme s'attacha à Salomon, et il ne lui resta aucun autre désir que d'aller saluer ce Roi. Elle commença de pleurer à cause de l'amour qu'elle avait pour Salomon. C'était maintenant à son tour d'appeler Tamrim, son favori, et de lui demander comment était Salomon. Donc elle fortifia son cœur et prit la résolution de partir. Mais, avant, il lui fallait organiser sa Maison. Elle donna des ordres et des conseils à ses serviteurs et à ses servantes. Elle mit son Trésor en sûreté. Elle prépara tout ce qui était indispensable pour le voyage, et aussi des présents pour Salomon. Elle fit des largesses à ses officiers, à ses serviteurs, à ses servantes. Pour elle-même, elle rassembla un grand nombre d'animaux de transport, tels que mulets, chevaux et ânes, et des boutres, et, de plus, des courroies, des sacs, des vases pour l'eau, des bâts, des aliments. Elle pouvait partir.

Ses officiers avaient reçu l'ordre de se tenir

prêts au départ. Elle voulait que chacun laissât le bon ordre dans sa maison, car le voyage qu'ils allaient entreprendre avec elle serait long. Elle rassembla donc les siens et leur adressa ces paroles :

— Vous tous, les Miens, entendez ma voix. Je vais chercher la Science et la Sagesse. Mon cœur me force d'aller les trouver où elles sont, car je suis blessée par l'amour de la Sagesse, je me sens tirée vers la Science comme par des traits. La Science vaut mieux que les trésors de l'argent, de l'or, mieux que tout ce qui a été créé sur la terre. Et ensuite rien ne vaut la Sagesse ici-bas. Elle est le délice du miel, le plaisir du vin.

Ses serviteurs, ses servantes, ses officiers lui répondirent d'une seule voix :

— O Notre Tout ! Cette Sagesse que vous désirez, il ne faut pas que vous en soyez privée. Si vous partez, nous partons avec vous. Si vous restez, nous restons. Si vous vivez, si vous mourez, nous vivons, nous mourons avec vous.

Après cela, la Reine se mit en route avec beaucoup d'apparat, de majesté et de bonheur, car, avec la volonté de Dieu, elle désirait dans son cœur faire ce voyage, et aller à Jérusalem pour y jouir de la Sagesse de Salomon.

On avait chargé sept cent quatre-vingt-sept boutres et des mulets sans nombre. Et la Reine prit sa route dans l'espérance de Dieu.

[129]

II

L^A Reine Makeda arriva à Jérusalem et elle offrit
au Roi en présents beaucoup de choses qu'il
désirait. Et lui, de son côté, il l'honora. Et elle
était contente.

Il lui donna un palais près du sien. Le matin
et le soir il lui envoyait des aliments : quinze mesures de farine de froment, du beurre, des condi-
ments de cuisine, et cinq cent cinquante pains
avec du miel, comme des gâteaux, et cinq vaches,
cinquante taureaux, et cinquante moutons, sans
compter les gazelles, les antilopes, les poules,
vingt-cinq mesures de miel et d'huile, soixante
jarres de vin, et trente de vin fin. En outre, il lui envoyait de sa table les plats que l'on avait préparés
pour lui seul (1). Et, chaque jour, il habillait quinze
personnes de sa suite avec des vêtements qui
éblouissaient les yeux.

(1) Voir ci-dessus, p. 109.

Il allait chez elle et se confessait. Et elle aussi, elle allait chez lui, et elle se confessait à lui. D'heure en heure elle connaissait mieux sa science, sa justice, sa gloire, sa beauté et sa douceur. Elle enfermait ces choses dans son cœur. Elle méditait dans sa pensée. Elle se disait :

— Est-ce une vision ou une créature vivante ?

Elle levait les yeux : elle le voyait là qui lui parlait.

Elle s'étonnait de ce qu'elle avait vu et de ce qu'elle avait entendu chez lui, car il était accompli.

Il était en train de bâtir la Maison de Dieu. Il se levait, il allait de droite et de gauche, en tous lieux. Il donnait les mesures à ses ouvriers. Il balançait les instruments. Il commandait à ses charpentiers, à ses marbriers, à ses orfèvres. Il leur enseignait l'angle et la volute. Tout passait par sa parole. Et son ordre était comme la lumière dans les ténèbres.

La Reine Makeda dit au Roi Salomon :

— Mon Seigneur, vous êtes heureux, car vous êtes doué de Science et de Sagesse. J'aurais désiré être dans votre palais la plus petite de vos servantes, afin d'y laver vos pieds, d'entendre votre parole et de vous obéir. Combien je suis heureuse quand vous m'interrogez, quand vous me répondez ! Mon cœur en est ému de plaisir, mes os en sont polis, mon âme en est rassasiée, mes lèvres fleurissent, mes pieds ne risquent plus de buter. Je le vois maintenant, votre intelligence est sans mesure et il ne manque rien à l'excellence de votre cœur. Je contemple la lumière dans les ténèbres, le grenadier dans les jardins, la perle dans la mer, l'étoile du matin au milieu des constellations, le rayon de lune à l'aurore. C'est pourquoi je glorifie Celui qui m'a amenée jusqu'ici, Celui qui a permis que Votre Majesté me fût révélée, Celui qui m'a fait marcher devant Votre Maison et entendre votre voix.

Le Roi Salomon répondit :

— La Sagesse vient d'éclore en vous pour votre bonheur, et quant à la Science dont vous me parlez, je la tiens de Dieu à qui je l'ai demandée. Quant à vous, sans connaître le Dieu d'Israël, vous avez résolu dans votre cœur de me visiter, vous vouliez devenir l'humble servante de mon Dieu. Vous le voyez, je dresse ici la Tente de son Arche d'Alliance. Je me tiens debout devant elle. Je sers l'Arche d'Alliance du Dieu d'Israël qui est Sion, la Sainte, la Céleste. Je suis le serviteur de mon Dieu. Je ne suis pas le maître; je n'existe pas par moi-même mais par sa volonté. C'est par lui que je parle, par lui que je marche et que je pense. Ma Sagesse lui appartient. J'étais poussière, il a formé mon corps et il m'a créé pareil à sa propre figure.

Pendant que Salomon disait ces paroles à la Reine, il vit un serviteur qui passait devant eux.

Cet homme portait du bois sur sa tête, sur son cou du foin, de l'eau et sa nourriture. Ses sandales étaient accrochées à ses reins ; ses mains élevées tenaient le bois ; la sueur coulait de lui comme des gouttes de pluie ; et l'eau qu'il portait pour sa soif ruisselait le long de ses jambes, jusque sur ses talons.

Le Roi dit à cet homme :

— Attends.

Et le serviteur s'arrêta.

Le Roi se tourna vers la Reine et il dit :

— Apercevez-vous quelque différence entre moi et celui-ci ? Ai-je quelque avantage sur lui ? Comme lui je suis homme et poussière, et, demain, je serai ver, moi, aujourd'hui si vivant ! Qui empêchait Dieu de donner ma gloire à cet homme, et de me mettre, moi, à sa place ? Tous les deux ne sommes-nous pas des fils de l'homme ? Je mourrai de la même façon que celui-ci. Mais, à cette heure, il a plus de force que je n'en aurais pour accomplir son travail, car Dieu vient au secours du faible comme bon lui semble.

Après quoi il ordonna à l'homme :

— Va à ton travail.

Et il dit encore à la Reine :

— A quoi bon vivre avec des figures d'hommes si nous ne faisons pas notre salut en pratiquant le bien sur la terre ? Cependant nous vivons pour porter des vêtements magnifiques, pour manger des mets délicieux, pour nous couvrir de parfums, pour nous réjouir. Étant vivants nous sommes des morts par le péché et par la corruption. L'homme n'est rien. S'il tombe en péché mortel, il devient pareil au Démon, qui, un jour, a dépassé l'ordre de son Dieu. Heureux au contraire celui qui fait pénitence et qui craint le Seigneur.

Ayant entendu ces paroles, la Reine Makeda dit à Salomon :

— Combien votre parole me donne de joie, comme votre bouche me verse la rosée ! Apprenez-moi qui je dois adorer. Quant à nous, nous adorons le Soleil, comme nous l'ont enseigné nos pères, car nous croyons que le Soleil est le Roi de tous les Dieux. Et les autres, qui sont sous nous, adorent les pierres, les arbres et les statues, des formes faites d'or et d'argent (1). Nous adorons le Soleil, car c'est lui qui fait mûrir nos aliments, et encore est-ce lui qui éclaircit les ténèbres et chasse la peur. Nous l'appelons notre Roi et notre Créateur. Nous l'adorons comme notre Dieu, car personne ne nous a dit l'existence d'un autre Dieu que lui. Seulement nous avons entendu conter, que, vous, les Israélites, vous adorez un autre

____

(1) Hailé Mariam me faisait remarquer avec quelle précision les origines égyptiaques de la primitive religion des Éthiopiens sont ici précisées. Voir ce qui a été dit des « Kemant » p. 23 et pp. 149-150.

Dieu que nous ne connaissons pas. On nous a affirmé qu'il a fait descendre pour vous son Arche d'Alliance du Ciel, qu'il vous a remis les Tables de sa Loi par les mains de Moïse, son prophète. Même on nous a dit que ce Dieu descend chez vous en personne, et que, de sa bouche, il vous parle, il vous enseigne sa volonté, son commandement.

Salomon répondit :

— En vérité, il faut adorer le Dieu qui a fait le Ciel et la Terre, la Mer, le Soleil, la Lune, les étoiles, les planètes, les éclairs, le tonnerre, les pierres, les arbres, les animaux, les hommes, les bons comme les méchants. C'est lui seul que nous prions, car il a créé l'Univers des Anges et des Hommes. Il est celui qui punit et qui pardonne, qui tue et qui donne la vie. Pour ce que vous dites de l'Arche d'Alliance, il est vrai qu'elle a été donnée à Israël par son Dieu. Elle était créée avant que le Monde fût. Il a fait descendre parmi nous les commandements qu'il a dictés sur la Sainte Montagne afin que nous connaissions sa justice et sa volonté.

La Reine dit :

— Maintenant je ne peux plus adorer le Soleil, mais je veux adorer le Créateur du Soleil, le Dieu d'Israël. Que son Arche d'Alliance soit une patronne aimée de moi, de mes descendants, de tous ceux qui s'inclinent sous mon sceptre. Ainsi je

trouverai grâce devant vous et devant le Dieu
d'Israël qui m'a créée. C'est lui qui m'a fait entendre votre voix et votre visage !

Sur ces mots, elle prit congé, mais il la suivit
chez elle.

Chaque jour elle allait chez lui entendre
le verbe de la Sagesse afin de le garder, ensuite, dans son cœur. Et lui, il allait chaque
jour chez elle pour répondre à tout ce qu'elle
demandait. Et elle, elle allait chaque jour chez
lui.

III

Après que la Reine Makeda fut restée six mois
à Jérusalem, elle voulut repartir pour son
pays.

Elle envoya à Salomon des messagers qui lui
dirent :

« Mon désir serait de demeurer auprès de vous ;
« mais, à cause de tout ce monde que j'ai avec moi,
« il faut que je rentre dans mon Royaume. Dieu
« permettra que tout ce que j'ai appris de vous
« porte des fruits en mon âme et dans l'âme des
« miens, qui, avec moi, vous ont entendu. »

Quand le Roi reçut ce message, il réfléchit dans
son cœur et pensa :

— Cette femme pleine de beauté est venue vers
moi de l'extrémité de la terre. Qui sait, si ce n'est
pas la volonté de Dieu que j'aie un fruit en elle ?

Il envoya donc cette réponse à la Reine :

« Puisque vous avez tant fait que de venir jus-
« qu'ici, partirez-vous sans voir la gloire de mon

« Royaume, l'administration de mon État, sans
« admirer comment mes soldats manœuvrent (1),
« comment j'honore les Dignitaires de mon
« Royaume ? Je les traite comme des saints dans
« le Paradis ! En toutes ces choses vous trouverez
« beaucoup de Science. Je vous prie donc de venir
« assister à ces spectacles. Vous resterez derrière
« moi, cachée par un rideau. Je vous ferai voir ce
« qu'ici je vous annonce. Vous connaîtrez tous les
« usages de mon Royaume et cette Science qui
« vous a plu habitera en vous jusqu'à votre der-
« nier jour. »

Makeda envoya un autre messager qui apportait cette réponse :

« J'étais ignorante, et, près de vous, j'ai appris
« la Sagesse. J'étais détestable et je suis devenue
« une élue du Dieu d'Israël. Ce que vous désirez
« maintenant n'est que pour augmenter mon savoir
« et mon honneur. Je viendrai donc comme vous
« le désirez. »

Alors le Roi Salomon fut satisfait. Il fit habil-
ler tous ses Dignitaires magnifiquement. Il doubla
la table. Il ordonna que l'on préparât avec splen-
deur la salle du repas et tout son palais.

Le souper du Roi était réglé comme la loi du
Royaume. La Reine entra après le Roi, elle fut

_____

(1) L'usage de faire assister à une revue les souverains
que l'on reçoit est ancien.

placée derrière lui avec beaucoup d'honneur et d'apparat. Elle voyait tout ce qui se passait au cours du souper. Elle s'étonnait de ce qu'elle voyait et de ce qu'elle entendait, et, dans son cœur, elle rendait hommage au Dieu d'Israël.

Salomon avait dressé pour elle un trône recouvert de tapis de soie, ourlé de franges d'or, d'argent, de perles et de brillants. Il avait fait répandre en ce lieu toutes les espèces de parfums, c'est-à-dire la myrrhe, le galbanum, l'encens. Quand on entrait là, on était rassasié sans manger à cause de l'odeur de ces parfums.

Or, Salomon fit servir à Makeda un repas préparé tout exprès pour elle afin de lui donner la soif. On y avait prodigué les épices. On ne lui avait servi qu'une boisson aigre. Elle mangea ce repas et quand Salomon eut présidé le banquet jusqu'au septième renouvellement des convives (1), les intendants, les conseillers, les grands chefs, les serviteurs étant partis, le Roi se leva.

Il entra chez la Reine, et, l'ayant trouvée seule, il lui dit :

— Reposez-vous ici jusqu'à demain, par amour pour moi.

Elle répondit :

— Jurez-moi, par votre Dieu, par le Dieu d'Is-

(1) Le Négus d'Éthiopie en use toujours de même. J'ai vu Ménélik, aux dates de fêtes, quand il traitait ses soldats, présider jusqu'à douze renouvellements de convives.

raël, que vous n'userez pas de votre force contre moi ? Si, en quoi que ce soit, je transgresse la loi de mon Pays, je descendrai dans la peine, la maladie et la tristesse...

Salomon répondit :

— Je jure que ma force n'entreprendra rien contre votre honneur. Mais maintenant vous allez jurer vous-même, que vous ne toucherez à quoi que ce soit dans ce Palais.

La Reine rit et dit :

— Intelligent comme vous êtes, pourquoi tenez-vous le langage d'un ignorant ? Ai-je pillé ou dérobé dans le Palais du Roi, sans que le Roi me donne ? Pensez-vous vraiment, mon Seigneur et Roi, que j'ai été attirée chez vous par l'amour de vos trésors ? Par la grâce de Dieu mon Royaume est assez riche pour me donner tout ce qu'il me faut ! C'est votre Sagesse que je suis venue chercher.

Il dit :

— Puisque vous avez voulu que je jure, il convient que, vous-même, vous juriez. Il faut qu'un serment réponde à un serment pour qu'il n'y ait pas de dupe.

Elle répondit :

— Jurez donc que vous ne prendrez pas mon honneur par la violence et moi je promettrai de bon cœur de ne toucher à rien de ce qui vous appartient.

Il jura et il la fit jurer.

Ensuite il monta sur son lit qui était dressé dans une pièce toute voisine, et, elle-même, elle resta où elle était.

Aussitôt il donna au serviteur de sa chambre l'ordre de laver un vase soigneusement, de le remplir d'une eau très pure, de le placer en évidence dans la chambre de la Reine. Ensuite l'homme devait fermer les portes et les fenêtres du dehors. Le serviteur en usa ainsi que Salomon lui en avait donné l'ordre dans une langue que la Reine ne comprenait point.

Salomon ne s'endormit pas, mais il feignit d'être tombé dans un sommeil profond. Pour la Reine, elle s'assoupit un peu, puis elle s'éveilla, se leva et trouva sa bouche desséchée, car le Roi lui avait servi par malice les aliments qui altèrent. Elle était tourmentée par la soif. Elle essaya de faire monter sa salive à ses lèvres pour les rendre humides. Elle n'en trouva pas. Alors elle voulut boire l'eau qu'elle avait vue avant de s'endormir. Elle regarda vers Salomon et l'aperçut, car la Maison du Sage égale la beauté du jour, et par sa Science, avec des diamants, il a reproduit dans ses plafonds les figures du Soleil, de la Lune et des astres (1).

Le Roi feignait de dormir d'un grand sommeil,

(1) On sait que Salomon était considéré comme un magicien : voir plus bas (p. 144) les chars qu'il a construits et qui courent « avec l'aide du vent ».

mais il était éveillé, et il guettait que la Reine s'éveillât pour boire l'eau.

Elle descendit de son lit, elle marcha sans bruit, elle éleva dans ses mains le vase d'eau pure.

Mais, avant qu'elle eut commencé de boire, il l'avait saisie par le bras. Il dit :

— Pourquoi avez-vous manqué à votre serment ? Vous aviez promis que vous ne toucheriez à rien dans mon Palais.

Elle tremblait, elle répondit :

— Est-ce manquer à mon serment que boire un peu d'eau ?

— Et quel trésor plus précieux que l'eau avez-vous connu sous le ciel ?

Elle dit :

— J'ai péché contre moi-même ! Mais vous, vous serez fidèle à votre serment... Et vous permettrez que je boive.

Il demanda :

— M'affranchissez-vous de la parole que j'ai donnée ?

Elle dit :

— Soyez-en délié, mais que je boive...

Il laissa tomber son bras, elle but. Et, après qu'elle eut bu, il fit sa volonté. Et ils dormirent ensemble.

Or, tandis que le Roi dormait, il eut une vision. Il vit un Soleil éclatant qui descendait du ciel et qui versait ses rayons sur Israël. Cette clarté dura un certain temps, puis ce Soleil s'envola. Il alla s'arrêter sur l'Éthiopie et il parut qu'il y brillait pendant des siècles. Le Roi attendait le retour de cet astre sur Israël, mais il ne revint pas en arrière. Et ensuite Salomon vit un second Soleil qui descendait des cieux et qui éclairait la Judée. Il était plus clair que le Soleil qui l'avait précédé, mais les Israélites le blasphémaient à cause de son ardeur. Ils levaient contre lui leurs mains avec des bâtons et des sabres. Ils voulaient l'éteindre, de sorte que la terre trembla et que les nuages obscurcirent le monde. Ceux d'Israël croyaient que cet astre ne se lèverait pas une seconde fois. Ils avaient éteint la Lumière. Ils l'avaient enterrée. Ils la gardaient dans le tombeau. Mais, en dépit de cette vigilance, le Soleil enfoui se releva de nouveau. Il éclaira le monde. Sa lumière illumina la mer, les deux versants de l'Éthiopie, et l'Empire de Rome. Plus que jamais il s'éloigna d'Israël et il remonta sur son ancien Trône.

Tandis que cette vision descendait sur le Roi Salomon dans son sommeil, il avait l'âme troublée et sa pensée éclatait comme un éclair. Il s'éveilla tout tremblant. Alors il admira le courage, la force, la beauté, l'innocence et la virginité de la Reine, car elle gouvernait sa patrie depuis sa première jeunesse, et, pendant cette vie délicieuse, elle avait gardé son corps pur.

Ensuite la Reine Makeda dit au Roi Salomon:

— Renvoyez-moi dans mon pays.

Il entra dans son palais, il ouvrit son Trésor, il donna des présents glorieux pour l'Éthiopie, des richesses considérables, des vêtements qui éblouissaient, et tout ce qui est bon. Puis il organisa la caravane de la Reine : des chars, des animaux. Les chars étaient au nombre de six mille. Ils étaient chargés de choses précieuses. Il y en avait qui roulaient sur le sable, d'autres qui couraient avec l'aide du vent. Le Roi les avait construits par la Science que Dieu lui avait donnée.

La Reine s'en allait satisfaite. Elle partit et prit sa route. Or, Salomon l'accompagna avec beaucoup d'apparat et de majesté.

Quand on eut fait un peu de chemin, il prit à à part la Reine Makeda. Il sortit une bague de son doigt. Il la lui donna et il dit :

— Prends cet anneau et garde-le comme le signe de mon amour. Si jamais un fruit germe de toi, cette bague lui servira de reconnaissance. Envoie-le moi si c'est un fils. Et, de toute manière, que la paix de Dieu soit avec toi. Tandis que je dormais à tes côtés, j'ai eu une vision. Le Soleil qui à mes yeux éclairait Israël s'est envolé. Il est allé planer au-dessus de l'Éthiopie. Il est resté là-bas. Qui sait si ton Pays ne sera pas béni à cause de toi ! En tout cas, conserve la Vérité que je t'ai donnée. Adore Dieu de tout ton cœur. Fais sa volonté. C'est lui qui châtie les orgueilleux et qui protège les humbles, qui détruit le trône des puissants et qui honore les pauvres. Il dispose de la richesse et de la misère. La vie et la mort sont entre ses mains. Le Ciel et la Terre lui appartiennent. Rien n'échappe à son commandement. Que Dieu soit avec toi. Bon voyage.

IV

Lᴀ Reine Makeda continua sa route. Elle arriva dans le pays de Bala Zadissaréya. Neuf mois et cinq jours après qu'elle eût quitté le roi Salomon, elle mit au monde un fils.

Elle le déposa entre les mains d'une nourrice avec beaucoup de biens et de grâce. Et elle resta là où elle était jusqu'au jour de sa purification. Ensuite elle reprit le chemin de son pays et elle y rentra avec beaucoup de grandeur.

Aussitôt ses dignitaires vinrent lui apporter des présents. Ils s'inclinèrent devant elle. Ils étaient prêts à lui obéir. Et, par elle, tous les grands des dépendances de son Royaume furent décorés de vêtements et de signes précieux. Il y en eut qui reçurent de l'or, d'autres de l'argent, d'autres des rubis, d'autres de la soie. Et la Reine distribuait ses biens entre ceux qui étaient dans le besoin.

La Reine Makeda administrait bien son

Royaume, aussi pas un de ses sujets n'osait ou-
trepasser son ordre. Comme elle avait désiré la
Sagesse, Dieu consolidait sa force.

Son fils grandit. Elle l'avait appelé Baina-
Lekhem, c'est-à-dire le Fils du Sage.

Quand il eut douze ans il demanda à ses cama-
rades qui était son père. Il interrogea aussi ses
précepteurs. Alors on lui répondit :

— C'est le Roi Salomon.

Il alla chez la Reine, sa mère, et lui demanda :

— Majesté, dites-moi qui est mon père ?

Elle sentit la colère monter en elle, car elle
avait peur qu'il ne désirât partir. Et elle dit :

— Pourquoi m'interroges-tu sur ton père ? Ne
cherche pas.

Il sortit de chez elle et il resta longtemps sans
poser une nouvelle question, mais, à la fin, il
renouvela sa demande, une deuxième fois, et puis
une troisième. Il la tourmenta, il la fatigua. Un
jour, elle lui répondit :

— Le pays est loin... La route est mauvaise...
Ce n'est pas une terre désirable.

Quant à Baina-Lekhem, il était plein de beauté.
Tout dans son apparence, ses membres, l'attache
de son cou, rappelait le Roi Salomon.

Lorsqu'il eut atteint sa vingt-deuxième année, il
avait appris la manœuvre de la guerre, l'exercice
des chevaux, la chasse aux bêtes féroces, toute la
loi des jeunes gens. Il dit à la Reine :

— Je pars pour voir le visage de mon père. Je reviendrai par la grâce de Dieu, le Dieu d'Israël.

Alors la Reine appela Tamrin, le Chef de ses Commerçants, et elle ordonna :

— Prépare le voyage. Conduis mon fils, car il m'a fatiguée jours et nuits et c'est assez ! Tu le conduiras chez le Roi Salomon et tu le ramèneras ici en paix, si c'est la volonté de Dieu.

Donc on prépara la route, tout ce qui est indispensable et les présents que l'on apporterait au Roi. La Reine Makeda fit des largesses à tous les officiers qui allaient avec son fils. Elle ordonna qu'on ne le laissât pas là-bas, mais que l'on insistât auprès du Roi pour le ramener à elle. Elle recommanda encore qu'on le fît sacrer roi, à Jérusalem. Car ceci était la loi d'Éthiopie : une fille pouvait y être reine à condition qu'elle gardât sa virginité.

Elle recommanda donc que l'on dît à Salomon :

« Désormais, ce sera un mâle qui montera sur
« le Trône d'Éthiopie, ce ne sera plus jamais une
« fille, mais votre fils, et vos descendants dans les
« siècles des siècles. Il faut graver cet engagement
« dans le Livre des Prophètes qui est en airain. Il
« faut le garder dans la Maison de Dieu que vous
« avez bâtie pour sa gloire et pour la prophétie des
« derniers jours. Gravez également sur l'airain que
« les Éthiopiens n'adorent plus ni le Soleil, ni les
« vanités du Ciel, ni les trésors des montagnes, ni

« les arbres, ni les pierres, ni les lacs, ni les sta-
« tues, ni les simulacres d'or, ni les oiseaux. J'ai
« voulu que cette Loi demeurât la nôtre pour l'éter-
« nité. Si, dans l'avenir, quelqu'un lui désobéit, il
« sera châtié par votre descendance. Pour nous,
« nous vous prions de nous donner, afin que nous
« soyons bénis, quelqu'un des vêtements sacrés
« qui habillent l'Arche d'Alliance. Car Sion Cé-
« leste est la Table de la Loi de Dieu qui a con-
« solidé votre Royaume et qui vous a doué de votre
« éclatante Sagesse. »

Après cela la Reine Makeda prit son fils à
part ; elle lui confia l'anneau que le Roi Salomon
lui avait donné, autrefois, pour qu'un jour, entre
eux trois, il servît de signe de reconnaissance et
qu'en même temps il scellât l'union que le Roi
avait eue avec elle. Puis elle congédia son fils.

CHAPITRE VII

BAINA-LEKHEM, LE FILS DU SAGE

I

BAINA-LEKHEM partit avec les siens. Il arriva à la Province de Gaza que Salomon avait donnée à la Reine de Saba, lors de sa visite. Et il fut accueilli dans la province de sa mère avec beaucoup de gloire, de salutations, de visites et de présents. Aussi bien, en le voyant, les habitants de ce pays crurent-ils qu'ils avaient devant eux Salomon, le Roi.

Ils se prosternèrent à ses pieds en s'écriant :

— Vive le Roi, père du Roi !

Et ils le comblèrent des cadeaux obligatoires, de bœufs. Ils lui offrirent un souper digne d'un roi. Tout entière, jusqu'à la frontière de Judée, la Province de Gaza tremblait. Ceux qui voyaient le jeune homme disaient :

— Voici Salomon !

Ceux qui arrivaient de Judée répondaient :

— Salomon ? Nous l'avons laissé dans Jérusalem. Maintenant qu'il a achevé la Maison de Dieu, il est en train de construire son Palais.

Mais la foule continuait de dire que celui-ci était Salomon, fils de David. De sorte que parmi les habitants du pays, il se produisit des troubles, des disputes et des batailles.

Pour en finir, on choisit des cavaliers armés. On leur donna commission de pousser jusqu'à Jérusalem et de faire une enquête afin de savoir si vraiment Salomon était là.

Ces gens entrèrent dans la ville. Ils trouvèrent le Roi. Ils se prosternèrent devant lui, ils l'honorèrent par les saluts d'usage. Ils dirent :

— Vive le Roi, père du Roi ! Ce sont les Notables de la Province de Gaza qui nous ont envoyés devant Votre Majesté. En effet, la Province est troublée ; car il est arrivé chez nous un commerçant qui ressemble à Votre Majesté dans ses formes et dans sa prestance, en tout, ni plus ni moins. Il a votre beauté, votre visage, votre taille, votre allure. Ses yeux brillent comme ceux d'un homme qui a bu du vin. Ses cuisses sont merveilleusement musclées. L'attache de son cou rappelle David votre père. Tout lui, c'est vous.

Le Roi demanda :

— Où veut-il aller ?

On lui répondit :

— Nous ne l'avons pas interrogé, car nous n'avons pas osé. Aussi bien, est-il majestueux comme vous. Quant aux siens, quand nous leur avons demandé d'où il venait, où il allait, ils ont répondu :

— Il vient du pays de l'Éthiopie et de l'Inde. Il va en Judée, chez le Roi Salomon.

Quand le Roi eut entendu ces paroles, son cœur fut troublé, car, dans toute sa vie, il n'avait eu qu'un tout petit enfant âgé de sept ans et nommé Roboam.

Il appela le Chef de sa Force et appuya sa main sur lui. C'était Joas, fils de Jodahé. Il l'envoya avec beaucoup de provisions pour manger et pour boire au-devant de ce jeune marchand, et il lui ordonna d'emmener beaucoup de chars avec lui. Joas ayant fait la route offrit tous les présents dont il était chargé, au nom de son Maître.

Il demanda au jeune homme de presser son chemin, disant :

— Le cœur du Roi est brûlé par l'amour qu'il vous porte. Peut-être sait-il que vous êtes son fils ou l'un de ses frères ? En tous cas, à en juger par votre apparence et votre démarche, vous n'êtes pas loin de lui par le sang. Levez-vous donc promptement, car Sa Majesté le Roi m'a ordonné de vous emmener chez lui très vite, avec beaucoup d'honneur, de contentement et de plaisir.

Le jeune homme dit :

— Gloire te soit rendue, ô mon Seigneur, le Dieu d'Israël ! En effet, j'ai trouvé grâce devant Sa Majesté le Roi avant même que d'avoir vu son visage. La parole qu'il m'envoie me remplit de plaisir.

Il dit encore:

— Et maintenant, je mets mon espérance dans le Dieu d'Israël qui va me montrer le Roi en personne, pour me renvoyer ensuite, en paix, à ma Mère et dans ma Patrie.

Joas, fils de Jodahé, Chef de la Force du Roi Salomon, dit au Fils du Sage :

— Seigneur, tout ceci est peu. Beaucoup d'honneurs vous attendent et vous augmenterez encore le plaisir de Sa Majesté le Roi. Mais ne dites plus davantage : «Ma Mère et ma Patrie... » Pour vous, Salomon, vaut mieux que votre Mère et notre Pays que le vôtre. Nous avons entendu dire de votre patrie que c'est une terre de gelées, de glaces, de nuages épais, comme le royaume des planètes; et il y a beaucoup de pays haut. Quand les enfants de Noé, Sem, l'aîné, Japhet et Cham, se sont partagé la Terre, ils ont aperçu de loin votre patrie par l'effet de leur science. Ils ont distingué qu'elle était grande, large, mais que c'était un pays de grands vents, tout entouré de déserts, et ils l'ont donné à Chanaan, fils de Cham, pour qu'il fût sa part et celle de ses enfants, dans les siècles des siècles. Pour nous notre terre est une terre héréditaire. C'est Dieu même qui nous l'a donnée, quand il a fait à nos pères cette promesse : « Je vous accorderai une terre dont les fleuves « roulent le lait et le miel. Elle vous nourrira « continuellement sans vous donner de déboires. « Chaque saison apportera son fruit sans effort « pour vous; et je la regarderai d'un bout de l'an- « née à l'autre. » Cette terre-là, mon Seigneur, est à vous, votre héritage. Vous resterez dans notre Pays, car vous êtes le descendant de David. Sei- gneur, et mon Seigneur, ce Trône est à vous parce que vous êtes d'Israël.

Les officiers du jeune marchand répondirent :

— Notre terre est meilleure que la vôtre, car nous jouissons d'un bon vent sans chaleur ni sé- cheresse. Nous possédons des fleuves délicieux, et du sommet de nos montagnes coulent le lait et l'eau. Ce n'est pas comme votre pays où, pour avoir de l'eau, il vous faut faire des trous profonds. Nous, nous ne mourons pas de la chaleur, même en plein midi. Nous chassons les bêtes féroces, les buffles, les grands animaux qui possèdent la force et la vitesse, les antilopes et les oiseaux. Dieu nous gratifie chaque année d'un hiver régulier. En été nous battons le blé comme on fait en Égypte. Nos arbres rapportent de bons fruits.

Nous produisons le froment et l'orge en abondance. Nos troupeaux sont en grand nombre. Tout chez nous vient à miracle. Seulement vous possédez une Science qui nous dépasse, et c'est pourquoi nous exerçons le commerce chez vous (1).

Joas répondit :

— Qu'y a-t-il de plus grand que la Science ? C'est elle qui a créé la Terre, déployé le Ciel, soutenu la Mer afin qu'elle ne couvrît pas les continents. Seulement levons-nous et partons, car, le cœur de mon Seigneur le Roi est blessé d'amour. Il m'a envoyé, Seigneur, pour que je vous ramène vite.

Joas se leva sur ces mots, il couvrit de vêtements précieux le Fils de la Reine et les siens qui se disposaient, avec lui, à prendre le chemin de Jérusalem pour aller chez le Roi Salomon.

Quand ils se furent rapprochés du lieu où l'on exerce les chevaux, Joas prit les devants. Il entra chez le Roi Salomon, il dit :

— Ce fils est plein de beauté... Sa parole est bonne. Il vous ressemble beaucoup dans tout son extérieur.

Le Roi lui dit :

— Où est-il ? Ne t'ai-je pas envoyé pour me le chercher ? Vite (2) !

(1) Voir pp. 30 et 31 la déclaration du Ras Makonnen.
(2) Rapprocher ce passage de la reconnaissance de Choaregga par Ménélik, p. 62

Joas répondit :

— Je suis venu vous avertir que j'étais là et je l'amène vite.

Lorsque la multitude vit le Fils du Sage, elle se prosterna devant lui disant :

— Voilà le Roi Salomon. Il est allé à la promenade !

Ceux qui sortaient du Palais s'étonnaient. Ils retournaient en arrière ; ils entraient dans le Palais, ils voyaient le Roi sur son Trône. Ils sortaient de nouveau et ils le voyaient encore. Ils ne savaient que dire.

Enfin le fils de Jodahé introduisit Baina-Lekhem chez Salomon. Et quand le Roi eut vu le jeune homme, il se leva, il dégrafa son manteau, il le serra dans ses bras, il le pressa sur sa poitrine, il embrassa sa bouche, son front et ses yeux et lui dit :

— Voilà mon père David, comme il était au temps de sa jeunesse ! Il ressuscite d'entre les morts et il me revient.

Il tourna la tête vers ceux qui lui avaient décrit la figure de son fils, et il leur dit :

— Vous m'avez dit qu'il me ressemblait. Ce n'est pas mon apparence qu'il reproduit ! Il ressemble bien davantage à mon père David au temps de sa jeunesse. Il est meilleur que moi !

Il se leva à l'instant même pour entrer dans son appartement. Il habilla son fils dans un vêtement d'or ; sur sa tête, il posa un diadème d'or et, à ses doigts, des bagues de diamant. Le vêtement d'honneur qu'il lui avait donné éblouissait les yeux. Il le fit asseoir sur un trône pareil au sien, tout près du sien. Puis il s'adressa à ses officiers, ceux d'Israël :

— Vous médisiez entre vous, répétant : « Salomon n'a pas d'enfant. » Regardez celui-ci ! c'est mon fils ! C'est le fruit de mon rein ! Le Dieu Créateur d'Israël me l'a donné d'une façon que je né prévoyais pas.

Les officiers répondirent :

— C'est une Mère bénie qui a mis ce jeune homme au monde. Qu'il nous soit donc cher le jour où vous vous êtes uni à sa Mère, car de cet amour il est sorti pour nous un homme éclatant dans la race de Jessé. Il sera sacré roi pour nous et pour nos descendants qui, resteront fidèles à sa postérité.

Sur ces mots ils offrirent des présents, chacun selon son grade. Alors le fils de Salomon prit la bague que sa mère lui avait confiée en secret. Il la donna à son père et lui dit :

— Prenez votre bague et souvenez-vous de votre alliance avec ma Mère que vous avez scellée par votre propre bouche. Je vous prie aussi que vous me donniez, pour que nous les adorions durant notre vie, les vêtements qui habillent l'Arche d'Alliance de Dieu. Ceux qui sont au-dessous de nous, les sujets de la Reine d'Éthiopie, en seront bénis.

Le Roi répondit et dit :

— Pourquoi me donnes-tu cette bague ? Tel que je te retrouve tu es moi-même, en vérité, mon fils. Tu n'avais pas besoin de rapporter cette bague pour qu'elle te servît de signe.

Sur quoi Tamrin, Chef des Commerçants de la Reine Makeda, prit la parole à son tour.

Il dit :

— Prêtez attention, mon Seigneur, le Roi. Voici ce que ma Reine, votre Servante, m'a chargé de vous dire : « Ce Fils, vous le bénirez, vous l'oindrez, « vous l'élirez, vous le sacrerez Roi de notre pays, « vous ordonnerez que, plus jamais, une femme ne « règne sur l'Éthiopie dans les siècles des siècles. « Et puis vous me renverrez mon enfant, chez « nous, en paix. Je salue la grandeur de votre « Royaume et votre Sagesse éblouissante. Je n'au- « rais pas voulu que ce Fils vînt chez vous ; seule- « ment il m'a fatiguée, me demandant, jours et « nuits, de venir vous trouver. Et moi, je lui re- « fusais, car j'avais peur qu'il tombât malade en « route, qu'il fût attaqué par la soif, par la cha- « leur du soleil, et qu'ainsi, il fît descendre ma « vieillesse au tombeau dans la tristesse. Je vous « conjure donc par Sion, Sainte, Céleste, par la « Table de la Loi de Dieu, de ne pas lui refuser le « retour. En effet, pendant que j'habitais chez

« vous, j'ai vu comment en usent vos officiers.
« Ils ne songent plus à aller retrouver leurs fa-
« milles à cause de la grandeur de votre Sagesse,
« et des aliments merveilleux que l'on reçoit à
« votre table. Ils disent : — « Nous sommes
« mieux ici à la table de Salomon que dans les
« médiocres plaisirs et la liberté de chez nous. »
« Par cette inquiétude je vous conjure de ne pas
« retenir mon fils chez vous, mais de me le ren-
« voyer en paix, sans maladie et sans fatigue,
« avec l'amour et avec le salut, afin que mon
« cœur soit dans l'allégresse du plaisir en le re-
« trouvant. »

Le Roi répondit et dit :

— Quelle puissance la femme a-t-elle sur les
enfants, hors la maladie et le soin de les élever ?
La fille est pour sa mère, mais le fils est pour son
père et Dieu a maudit Ève disant : « Enfante dans
« la douleur et dans la tristesse du cœur, puis,
« après que tu auras enfanté, tu retourneras au
« pouvoir de ton mari. » Celui-ci est mon Fils
propre. Je ne le rendrai pas à la Reine, mais je
le sacrerai Roi, au-dessus d'Israël, car il est mon
aîné, le sceptre que m'a donné Dieu.

MATIN et soir, Salomon envoyait à son fils des aliments délicieux, des vêtements d'honneur, frangés d'or et d'argent, et il lui faisait dire :

« Il te vaut mieux demeurer dans ce Pays où « est bâtie la Maison de Dieu, où se trouvent les « Tables de la Loi. Et Dieu habite parmi nous. »

Son fils lui renvoya un messager qui portait cette réponse :

« L'or, l'argent, les vêtements précieux ne me « manqueront pas dans mon Pays. Si je suis venu « ici, c'est pour voir votre visage, entendre votre « Sagesse, m'incliner devant votre puissance, me « prosterner devant vous. Et, après cela, mon « désir est que vous me renvoyiez vers ma Mère, « dans ma Patrie; car personne ne hait l'endroit « où il est né, et tout le monde aime à entendre le « langage de son Pays. C'est en vain que vous « me donnez des aliments délicieux et des bois- « sons qui exaltent. Mon cœur n'y trouve pas son

« goût. J'aime mieux l'endroit où j'ai pris mes
« leçons, où j'ai grandi. Les aliments de mon
« Pays font plaisir à mon cœur comme une nour-
« riture du Ciel. Les montagnes de la terre de
« ma Mère, là où je suis né, ressemblent au Para-
« dis, et les Tables du Dieu d'Israël m'honoreront,
« si je les adore, en quelque endroit que je me
« trouve. Pour la Maison de Dieu que vous avez
« bâtie, je puis en élever une à sa ressemblance.
« J'offrirai l'holocauste et j'adorerai là où je serai.
« Et pour les Tables de la Loi de Dieu, nous
« vous avons prié de nous donner les vêtements
« précieux qui les habillent. Nous les adorerons,
« ma Mère et moi, et tous nos sujets avec nous,
« car, Madame ma Mère, la Reine, a déjà exter-
« miné tous ceux qui adorent les idoles, et ceux
« qui adorent les pierres et les arbres. Elle les a
« forcés d'adorer l'Arche d'Alliance et les Tables
« du Dieu d'Israël. C'est ce qu'elle a appris de
« vous ; elle a fait comme vous aviez dit et nous
« adorons le vrai Dieu. »

Cependant Salomon usait de tous les moyens,
et sans succès, afin de contraindre son fils à lui
céder.

Il le prit à part et lui dit :

— Pourquoi veux-tu t'en aller loin de moi et
repartir pour le pays des païens ? Qu'est-ce qui te
manque ? Qu'est-ce qui te pousse à abandonner
le Royaume d'Israël ?

Son fils lui répondit et dit :

— Il n'est pas convenable que je demeure ici, mais bien que je retourne chez ma Mère. Ne me tentez donc pas, car vous avez un fils qu'il vous faut préférer à moi. Il se nomme Roboam et, lui, il est né, selon la Loi, de votre femme légitime. Pour ma Mère, elle n'était pas vôtre, votre femme légitime selon la Loi. »

Le Roi prit la parole et dit :

— Que veux-tu dire ? Moi non plus je ne suis pas selon la Loi le fils de mon père David ! Mon père a pris ma mère, qui était la femme d'un autre. Il a fait tuer son mari à la guerre, et moi il m'a engendré d'elle. Dieu a pardonné, car il est miséricordieux. Il le sait : rien n'est plus ignorant que les enfants des hommes. Et qui peut leur pardonner et les éclairer sinon Dieu ? Dieu seul ! Il a permis que je fusse de mon père et toi de moi. Pour toi, mon enfant, crains le Seigneur qui t'a créé. Ne rejette pas la prière de ton père, de peur que toi-même, un jour, tu ne connaisses le même sort par celui qui sortira de toi. Prépare à tes descendants sur la terre un sort meilleur que celui qui les attendrait dans ton pays. Pour Roboam, dont tu parles, ce n'est qu'un enfant de sept ans. Quant à toi, mon premier-né, tu es prêt pour être Roi, pour enlever les lances de ton père. Or, moi, j'étais dans la septième année de mon avènement au Trône quand ta mère est venue, et maintenant j'ai vingt-

neuf ans de règne. J'approche de l'âge de mon père.
Si Dieu le veut, je rejoindrai bientôt mon père et
mes pères. Toi, tu resteras sur mon Trône ; tu gouverneras à ma place, et les Grands d'Israël t'aime-
ront plus que moi. Reste. Je te marierai. Je te
donnerai beaucoup de reines. Je te donnerai beaucoup de maîtresses, autant que tu en voudras. Tu
seras béni dans cette terre héréditaire que Dieu a
donnée à nos pères lorsqu'il a engagé sa foi à Noé,
à Abraham, son ami, à leurs enfants, les saints,
qui se sont succédé jusqu'à mon père David. Pour
moi, tu le vois, mon fils, je me suis fatigué sur
le Trône de mes pères. Tu seras, après moi, comme
moi. Tu gouverneras des peuples sans nombre et
des commerçants sans compter. L'Arche d'Alliance
du Dieu d'Israël sera à toi et à tes descendants.
Or, Dieu habite en elle, et en elle, restera ta mémoire jusqu'aux enfants de tes enfants.

Son fils prit la parole et dit :

— Majesté, je ne peux abandonner ni ma Patrie,
ni ma Mère. Elle m'a fait jurer par ses mamelles
de ne pas rester ici, mais de retourner chez elle,
vite. Je ne puis pas me marier ici. La bénédiction
de l'Arche me suivra partout où je me trouverai.
Ta prière m'accompagnera où je vais, car j'ai
voulu voir ton visage, entendre ta parole, prendre
ta bénédiction et retourner vers ma Mère en paix.

Ayant entendu ces paroles, Salomon se leva ; il
entra dans son appartement ; il fit rassembler tous

ses officiers, ses conseillers, ses intendants, les Grands de son Royaume et il leur dit :

— Je n'ai pu faire céder mon enfant. Écoutez donc maintenant mes paroles. Prenons ensemble la résolution de sacrer mon fils Roi sur l'Éthiopie, et de l'entourer de vos enfants. Vous qui avez le droit de vous tenir à ma droite, vous qui avez le droit de vous tenir à ma gauche, sachez que de même vos enfants occuperont vos places à la droite et à la gauche de mon fils. Je vous demande donc, à vous tous, mes Officiers, mes Conseillers, mes Intendants, les Grands de mon Royaume : décidez-vous et amenez-moi vos aînés. Ainsi Israël sera en deux Royaumes : moi je gouvernerai ici avec vous, mon enfant avec vos enfants gouvernera là-bas. Quand sacrerons-nous mon fils pour l'envoyer avec les vôtres ? Les grades et les fonctions que je vous ai octroyés ici, vos fils en seront revêtus là-bas. Tout ce dont vous jouissez ici, ils en jouiront chez mon fils. Nous leur enseignerons la Loi du Royaume, nous leur recommanderons de garder les Commandements de Dieu, et nous les enverrons là-bas pour y être des Rois.

Les lévites, les officiers, les conseillers dirent au Roi :

— Vous envoyez votre aîné ? Nous enverrons donc nos premiers-nés, selon votre ordre. On ne peut refuser ni le commandement de Dieu ni le commandement du Roi. Nous sommes vos serviteurs, et, comme vous l'avez dit, ceux de vos descendants. Si vous aviez voulu vous auriez pu vendre nos fils comme esclaves avec leurs mères. Organisons toutes choses selon la Loi pour envoyer nos fils en Éthiopie et pour qu'ils y restent, eux et leurs descendants, dans les siècles des siècles.

Cela dit, on alla préparer les parfums et l'huile du sacre, on sonna les trompettes, on souffla dans les cornes, on fit chanter les flûtes, les harpes, les cithares, on battit les tambours, et la ville entière jeta un grand cri d'allégresse et des chants.

On introduisit Baina-Lekhem dans le Saint des Saints. On le fit tenir debout entre les cornes du Tabernacle. La Royauté lui fut donnée par la bouche de Sadoq le Grand Prêtre, et par la bouche de Joas, Chef de la Force du Roi Salomon. Sadoq l'oignit d'huile sainte et du parfum de la Royauté. On lui donna le nom de David et il le reçut selon la Loi du Trône.

Puis on le fit sortir de la Maison de Dieu. On le monta sur la mule du roi Salomon, on le promena autour de la ville en chantant :

— Nous t'avons sacré ici !

On lui disait encore :

— Salut ! le Roi père du Roi !

Quelques-uns ajoutaient :

— Il faudra que ton pouvoir s'étende de la mer

d'Égypte jusqu'au couchant du soleil, sur toute l'Éthiopie. Tes descendants seront bénis sur la terre de l'Asie jusqu'à l'extrémité de l'Inde. Tu contenteras les habitants de l'Orient. Que le Dieu, Créateur d'Israël, te soit un guide. Que les Tables de la Loi t'aident ! Que tes adversaires soient chassés de devant ta face. Que les terres du Nord, du Sud, de l'Est et de l'Ouest, soient à toi et à tes descendants ! Tu gouverneras des peuples sans nombre. Quant à toi, personne ne te gouvernera.

Son père le bénit et dit :

— La bénédiction du Ciel et de la Terre soient sur toi.

Tous les Israëls répondirent :

— Amen !

Alors le Roi Salomon s'adressa au Grand Prêtre Sadoq, et il lui demanda :

— Dis-lui et enseigne-lui la Justice ainsi que la Loi de Dieu, pour qu'il la garde bien, là-bas.

Et Sadoq, le Prêtre, prit la parole en ces termes :

— Écoute ce que je te dis : si tu exécutes la Loi de Dieu, tu seras béni. Si tu ne marches pas selon la Loi de Dieu, tu seras maudit. Tu seras moins que les païens qui t'entourent; tu seras la proie de la peur, de la tristesse et de la maladie; tu n'auras ni santé ni courage; tout sera maudit de ce qui t'appartient; les tiens, les fruits de ton rein, ton pays, les moissons de la terre, tes troupeaux, tes animaux. Dieu t'enverra la famine et la peste; il mettra sa main de colère sur tout ce qui t'appartient, jusqu'à ce que tu sois perdu, jusqu'à ce que le ciel soit, sur ta tête, une plaque de bronze, et la terre, sous tes pieds, une plaque de fer. La pluie sera changée en brouillard et en poussière. Tes sujets seront tous des morts, toute vie sera exterminée jusqu'aux animaux du pays. Tu seras châtié par diverses maladies de peau, la dysenterie et le choléra d'Égypte. Tu tâtonneras en plein jour comme un aveugle. Tu chercheras des guides : tu n'en trouveras pas. Un autre prendra ta femme. Tu bâtiras des maisons et tu ne les habiteras pas. Tu planteras des vignes et tu ne goûteras pas à leurs grappes. Devant toi on tuera ton bœuf gras et tu ne mangeras pas de sa viande. Tes troupeaux appartiendront à tes ennemis et contre eux tu n'auras pas d'aide. Tes fils et filles seront pour une autre nation. Tu verras quand on leur donnera des coups et tu ne pourras rien faire pour eux. Tu seras entouré d'ennemis, tu passeras la nuit dans l'épouvante, tu te diras : « Quand va revenir le jour ? » Voilà tous les maux qui t'arriveront si tu n'obéis pas à la parole de Dieu, et à ses commandements, car Dieu aime qui le craint et hait qui le néglige ; il honore qui l'honore, il aime qui l'aime, il est le maître de la Mort et de la Vie ; il gouverne le Monde entier par sa sagesse et par la puissance de son bras. Écoute donc quelles grâces te seront accordées si tu suis la volonté et la

Loi de Dieu : tu seras béni dans toutes tes actions, dans ta demeure, en voyage, en pays étranger, dans le désert, partout où tu iras... »

Les multitudes répondirent :

— Amen !

Et Sadoq continua :

— Les fruits de ta Terre seront bénis et, avec eux, tes fleuves, tes sources, tes troupeaux. Tes biens, tes trésors seront bénis. Tout ce que tu toucheras de tes mains sera béni. Tes ennemis se prosterneront à tes pieds. Tes enfants, tes sujets et tes troupeaux se multiplieront : ils rempliront la Terre. Ton Royaume sera à toi pour toute la durée du Ciel, comme il a été juré à tes pères par Dieu. De plus, il t'ouvrira le trésor des faveurs célestes : il te donnera la pluie en abondance. Tu prêteras ton argent aux païens et tu n'auras pas besoin d'emprunter. Tu vaincras les nations barbares et elles adoreront ta puissance. Tu gouverneras beaucoup de peuples, et personne ne te commandera. Dieu t'a nommé à la tête et non à l'autre bout. Il est bon pour les bons ; il est sévère pour les méchants. Il te donnera le Fruit de Vie si tu cherches la Vérité. Sois patient dans la colère, après tu seras content d'avoir su te modérer. Sois le juge des pauvres, des orphelins, des humbles, et sauve-les des mains des adversaires. Règle ta sentence sur la Vérité, et non sur les dehors des hommes. Ne reçois pas de cadeaux pour fausser la Vérité quand tu juges. Interdis de même à tes officiers, à ceux de ton tribunal de recevoir des cadeaux pour fausser ensuite la Justice au profit de leurs amis. Il te faut, conformément à la Vérité, juger les riches, les pauvres, tes ennemis même.

Et Sadoq, le Prêtre, se tourne vers ceux d'Israël et il leur dit :

— Vous tous, Hommes d'Israël, entendez et gardez les Commandements que Dieu vous a donnés; c'est lui qui vous dit: « Je suis le Dieu, « ton Créateur, qui t'ai fait sortir de la Terre « d'Égypte, de la Maison de Servitude. Tu n'as « pas d'autre Dieu que moi. Ne te fais pas des « Dieux avec des statues, avec les images de ce « qui existe entre le Ciel et la Terre. N'adore pas « et ne crois pas en dehors de moi, car je suis ton « Créateur, le Dieu Jaloux. Je poursuis le péché « du père sur le fils, quand on me hait, jusqu'à « la troisième, jusqu'à la quatrième génération, « tandis que je fais miséricorde, jusqu'à la mil- « lième génération, à ceux qui m'aiment et qui pra- « tiquent mes Commandements. Ne parjurez pas « le nom de votre Dieu, car Dieu ne purifiera pas « ceux qui ont menti en jurant par son nom. Gardez « le jour du Sabbat pour le sanctifier selon la Loi « de Dieu. Elle vous commande de travailler pen- « dant six jours et de consacrer le septième à « votre Dieu. Ce jour-là vous n'entreprendrez « aucun travail, mais vous sanctifierez le Sabbat,

« vous, votre maison, vos serviteurs, vos animaux,
« les étrangers même qui habiteront chez vous.
« Car Dieu a créé en six jours le Monde, le Ciel,
« la Terre, la Mer, tout ce qu'ils contiennent; le
« septième jour il s'est reposé et il a béni son re-
« pos. Honorez votre père et votre mère, vous
« serez bénis et vous aurez longue vie sur votre
« terre héréditaire. N'allez pas à la femme d'un
« autre. Ne vous tuez pas l'âme; ne vous cor-
« rompez pas, ne volez pas; ne portez pas de faux
« témoignages; ne vous emportez pas contre un
« ami; ne convoitez pas le bien d'un autre, ni sa
« maison, ni sa terre, ni sa servante, ni sa vache,
« ni son bœuf, ni son âne, ni rien de ce qui est
« à lui. Tel est l'ordre de Dieu, sa Loi. Et si
« quelqu'un désobéit à ces commandements, con-
« vertissez-le pour qu'il ne s'obstine pas dans son
« péché. Et maintenant restez purs de ce péché que
« Dieu hait entre tous : n'entrez pas dans la maison
« de celui qui n'est pas de votre race. N'infligez
« jamais la souillure à votre cœur (1), mais purifiez
« votre âme en Dieu, car il est le Saint. Il aime
« ceux qui purifient leur âme et leur corps en lui,
« car il est le très Majestueux, le Très-Haut, le
« très Miséricordieux. La gloire sans fin est son
« apanage dans les siècles. »

Et tels sont les noms des premiers-nés d'Israë

______

(1) Voir le *Lévitique* dont les prescriptions textuellement re-
produites dans le Manuscrit de Théodoros sont ici abrégées

qui furent choisis pour partir avec David, fils de Salomon, Roi d'Éthiopie :

Azaryas, fils du Grand Prêtre Sadoq, désigné comme Grand Prêtre, Elméyas, fils d'Arni, Archidiacre, le Prophète Natan et Adram, fils d'Arderones, désignés comme Gouverneurs du peuple. Et Fanqéra fils de Soba, Secrétaire des bœufs. Et Akontél, fils de Tofél, Éleveur des troupeaux. Et Faqaros, fils d'Abia, Chef des Gardes. Et Samenyas, fils d'Akitalam, Rappeleur des affaires. Et Léonandos, fils d'Akiré, Chef des tambours et de toutes les musiques. Et Faquontén, fils d'Adrâi, Chef du littoral. Et Matan, fils de Bényas, Grand Maître de la Maison. Et Adaraz, fils de Kirém, Grand Maître de la garde-robe. Et Dalakem, fils de Matrém, Chef des cavaliers. Et Adaryos, fils de Nédros, Chef de l'infanterie. Et Austéran, fils de Jodad, Porteur de Gloires. Et Astaryon, fils d'Imi, fils de Matatyas, Ministre de la Guerre. Et Makri, fils d'Abisa, Grand Maître du Palais. Et Abis, fils de Karyos, Attacheur des coupables. Et Liqa Ouendeyos, fils de Nélenteyos, Gouverneur de la Cour. Et Karmi, fils d'Hazanyas, Chef des serviteurs de la Maison du Roi. Et Seranyas, fils d'Akazel, Intendant de la Maison du Roi.

Salomon y ajouta de grands présents, des chevaux, des chars, de l'or, de l'argent, du lin, du diamant, des perles et toutes les pierreries qui manquent en Éthiopie.

CHAPITRE VIII

L'ARCHE D'ALLIANCE

———

I

Le moment était venu de préparer le départ. C'était une occasion de joie pour les officiers du Roi d'Éthiopie, de tristesse pour les officiers du Roi d'Israël. Donc ces jeunes gens se rassemblèrent. Ils pleurèrent avec leurs pères, leurs mères, leurs parents, avec les commerçants et les habitants de leurs pays. Les pères maudissaient en secret le Roi Salomon, parce qu'il avait pris ces enfants contre leur volonté. Et c'était avec contrainte qu'ils avaient répondu en présence du Roi :

— Vous faites bien. Votre Sagesse est supérieure. Elle étend en Éthiopie la Royauté d'Israël et vous poursuivez la suppression des idoles, dans l'éternité.

Or, quand les premiers-nés de tous les Grands d'Israël eurent l'ordre de partir avec le fils du Roi, ils tinrent conseil entre eux et dirent :

— Que va-t-il advenir de nous ? Nous quittons notre Patrie où nous sommes nés, nos parents, nos compatriotes. Décidons maintenant de faire, en secret de nos parents, une alliance entre nous. Aimons-nous les uns les autres. Et nul n'aura rien à redouter dans ce pays où nous allons. Pourquoi craindrions-nous ? Dieu est ici, mais il est aussi là-bas. Que sa volonté soit faite ! Gloire à lui dans l'éternité !

Azaryas et Elméas, les fils des Grands Prêtres, prirent la parole et dirent :

— Nous ne sommes pas désolés parce que nos parents nous ont répudiés : nous sommes attristés à cause de Sion, l'Arche d'Alliance, notre Patronne. Car on nous la fait abandonner. Or, en elle, autrefois, on nous avait donnés à Dieu. C'est pour cela que nous sommes navrés. Nous pleurons à cause d'elle.

Et les autres répondirent :

— Oui, ceci est la vérité ! Sion était notre Patronne, notre espérance, notre refuge. Nous avons été élevés dans sa promesse. Comment pourrons-nous nous séparer d'elle ? Comment pourrons-nous abandonner Sion, notre Mère ? C'est à elle que nous appartenons. Que faire ? Si nous refusons d'obéir aux ordres du Roi, le Roi nous tuera. Nous ne pouvons pas plus nous affranchir de la parole de nos pères que de l'ordre du Roi. Comment allons-nous en user avec Sion ?

Azaryas, fils du Grand Prêtre Sadoq, intervint et dit :

— Je vais vous conseiller ce qu'il nous faut faire. Mais, auparavant, jurez-moi que, jusqu'à la sortie de vos âmes, vous ne révélerez à personne ce que je vous aurai persuadé de faire. Jurez-le ! Que nous mourions ou que nous vivions ensemble, que nous soyons saisis ou que nous soyons sauvés.

Et ils jurèrent, au nom du Créateur, le Dieu d'Israël, par Sion, Céleste, par les Tables de la Loi de Dieu, par la Promesse faite à Abraham, par la chasteté, par la bonté d'Isaac, par la fécondité de Jacob, par la certitude que la terre des autres serait donnée en héritage à leurs descendants.

Quand ils eurent prononcé ces serments, Azaryas leur dit :

— Décidez-vous ! Il nous faut emporter avec nous Sion, notre patronne. Je vous dirai comment nous allons l'enlever et vous suivrez mon conseil. Si Dieu le veut, nous réussirons à l'emporter avec nous. Si l'on nous rattrape, l'on nous tuera, mais nous ne nous attristerons pas, car, alors, ce sera pour Sion, pour notre Patronne, que nous mourrons.

Tous se levèrent. Ils baisèrent la tête d'Azaryas, son front, ses yeux, et ils lui dirent :

— Tout ce que tu nous ordonneras, nous le ferons, pour l'amour de Sion, notre Patronne. Nous sommes prêts à vivre et à mourir avec toi. S'il faut mourir, peu nous importe ! S'il faut vivre, c'est que la volonté de Dieu aura été faite.

Zacharie, fils de Joas, prit la parole et dit :

— Je ne peux me tenir de joie à cause des paroles que je viens d'entendre. Certes tu dis la vérité quand tu affirmes que tu peux enlever Sion, et jamais le mensonge n'a souillé ta bouche. Tu vas et tu viens librement dans la Maison de Dieu, à la place de ton père. Chaque jour les clefs du Tabernacle sont entre tes mains. Avant qu'on te les reprenne, entreprends ce que nous avons à exécuter ! Tu connais, toi, les armoires secrètes que Salomon a fait construire. Tu sais le lieu où les prêtres ne pénètrent pas, excepté ton père, lui seul : le Saint des Saints où chaque année le Grand Prêtre se présente afin de racheter, par un sacrifice, ses fautes et celle de son peuple. Pense. Choisis. Ne t'endors pas ! Décide par quels moyens nous allons enlever Sion et l'emmener avec nous, puisqu'on nous a consacrés à elle. Quelle joie pour nous ! Quelle tristesse pour nos parents !

Azaryas leur dit :

— Faites ce que je vous demande. Donnez-moi chacun dix derhem. Je les porterai au charpentier du Temple afin que, tout de suite, il me taille deux planchettes très fines. Il faut qu'elles aient, en longueur et en largeur, les proportions de notre Patronne. Je lui indiquerai exactement les mesures. Je lui dirai : « Fais-moi un pupitre, car nous par- « tons sur la mer, et si le boutre va au naufrage, « je me servirai de ces planchettes pour me sauver « des vagues. » Mais, lorsque je posséderai ces bois, je les joindrai ensemble, je les mettrai au lieu et place des Tables de la Loi, sous les orne- ments sacrés. Et pour Sion, je l'enlèverai, je creuserai le sol, je l'enterrerai jusqu'au jour de notre départ. Je ne dirai rien de ce que j'aurai fait à notre Seigneur le Roi David tant que nous ne serons pas loin d'ici.

Chacun des jeunes gens donna dix derhem avec plaisir ; ainsi furent recueillis cent quarante derhem, et Azaryas les porta au charpentier. Immédiatement cet homme tailla les planchettes qu'on lui demandait dans du bon bois qu'il em- prunta à la réserve du Temple. Azaryas était sa- tisfait du travail : il montra ces planchettes à ses amis.

Et voici que, la nuit, tandis qu'il dormait, un Ange de Dieu se montra à lui et lui dit :

— Prends quatre chevreaux d'un an pour les

sacrifier en expiation de vos péchés, des tiens, de
ceux d'Elmeyas, d'Abyssa et de Meukri. Joins-y
quatre agneaux purs d'un an et une génisse qui
n'ait pas porté le joug. Tu les sacrifieras du côté
de l'Orient, à droite, à gauche, et vers la sortie de
l'Occident. Puis tu diras à Ton Seigneur David
qu'il demande à son père Salomon, la permission
d'en user de même. Et il adressera sa prière en
ces termes : « O mon Père ! Je te demande une
« seule faveur : permets-moi, avant mon départ,
« d'offrir l'holocauste à la Terre Sacrée de Jérusa-
« lem, en l'honneur de Sion, Sainte, Céleste, de la
« Table de la Loi de Dieu,. » Il demandera encore
que, toi, le fils du Grand Prêtre, qui connais le
rite, tu sois chargé du sacrifice. On te commandera de le diriger et, après, je t'apprendrai comment tu dois t'y prendre pour faire sortir du Temple
l'Arche d'Alliance. Aussi bien toutes ces choses
arriveront de la part de Dieu. Israël a abandonné
son Dieu ; Dieu veut que son Arche soit enlevée
du milieu d'Israël.

Quand Azaryas sortit du sommeil, il se sentit
inondé de joie ; son cœur était soulevé, sa pensée
rayonnait, lumineuse. Il se souvenait de tout ce
que l'Ange du Songe lui avait révélé pendant la
nuit. Il alla donc trouver ses frères, là où tous
étaient rassemblés. Il leur conta quel message lui
avait apporté l'Envoyé du Seigneur, et que l'Arche
d'Alliance viendrait dans leurs mains par la vo-

lonté de Dieu, et que Dieu prenait sa gloire à Israël, en châtiment de tant d'abandons, pour la leur donner à eux-mêmes.

— Et maintenant, leur dit-il, réjouissez-vous avec moi de l'annonciation que j'ai reçue ! La Grâce du Sacerdoce part avec nous en même temps que la Puissance de la Royauté. C'est la volonté du Très-Haut. Allons donc avertir le Roi David afin qu'il prie son père de lui laisser faire le sacrifice.

Ils allèrent trouver le Roi David pour lui mander cet avis. Et David céda à leurs conseils. Il appela aussitôt Joas, fils de Jodahé. Il l'envoya à son père Salomon, porteur de cette prière :

« Majesté,

« Renvoyez-moi dans mon pays avec le bien dont « vous m'avez comblé. Que votre bénédiction me « suive partout où j'irai. Mais, avant de me séparer « de vous, il faut que je vous adresse une prière ex- « ceptionnelle : si j'ai grâce devant vous, ne détour- « nez pas votre visage de moi, et, vous qui m'avez « permis de partir, souffrez que j'offre ici l'holo- « causte du rachat pour les péchés que j'ai pu com- « mettre dans cette Sainte Patrie de Jérusalem, la « Terre de Sion, le Royaume de l'Arche d'Alliance.

« Salut à Votre Grandeur. »

Joas, fils de Jodahé, rapporta ces paroles au Roi Salomon. Et celui-ci, les ayant entendues, fut ravi. Il donna l'ordre que l'on organisât le sacri-fice. Il fit largesse des animaux que son fils devait sacrifier en offrande à Dieu : dix mille taureaux, dix mille bœufs et vaches, dix mille moutons, dix mille chevreaux et des animaux sauvages qu'il est permis de manger, dix de chaque espèce. Les oiseaux purs, dix de chaque espèce. Et l'holocauste du froment : quarante charges de froment dans des bassins d'argent, qui, chacun, contenaient douze pesées.

Voilà tout ce que le Roi Salomon donna à son fils.

David envoya encore vers son père pour demander :

« Je souhaiterais qu'Azaryas sacrifiât à ma place. »

Salomon répondit :

« Fais comme tu voudras. »

Et cet ordre mit Azaryas dans l'allégresse du cœur. Il partit, il amena une génisse qui n'avait pas porté le joug, quatre agneaux d'un an, quatre chevreaux purs, choisis dans le troupeau de son père.

Et le Roi David se rendit au sacrifice.

Les prêtres, les pauvres, s'étaient rassemblés en masse. Les oiseaux du ciel partageaient joyeusement avec eux. Or, ce même jour, après qu'Azaryas eût sacrifié selon l'ordre d'En-Haut, après que chacun se fût retiré dans sa maison ou sur les places, l'Ange du Seigneur apparut de nouveau, dans un songe, au fils de Sadoq. Il sortait de lui une lumière, éclatante comme une colonne de feu, qui remplissait la maison.

L'Ange réveilla Azaryas et lui dit :

— Lève-toi. Ne tremble pas. Prends courage. Tu vas faire lever Elmeyas et Abyssa, tes frères, et Meukri. Tu apporteras les planchettes de bois. Moi, je t'ouvrirai les portes de la Maison de Dieu. Tu prendras les Tables de la Loi, sans crainte, sans tristesse, sans risque de châtiment. J'ai été désigné par Dieu pour vivre à côté d'elles. Je te servirai de guide tandis que tu les emporteras.

Azaryas fit lever ses trois frères sur-le-champ. Il se chargea des tablettes de bois, et partit en les emportant pour la Maison de Dieu. Il trouva toutes les portes jusqu'à celles du lieu où se trouvait l'Arche d'Alliance ouvertes du dehors. Il s'avança, et, en un clin d'œil, elle fut enlevée. Car l'Ange de Dieu les aidait et, si la volonté de Dieu ne les avait pas couverts, ils n'auraient pas réussi si promptement. A la place de Sion ils mirent les planchettes de bois. Ils les couvrirent avec les vêtements sacrés. Ils refermèrent les portes comme avant. Ils emportèrent l'Arche à eux quatre. Ils la mirent dans l'endroit qu'ils avaient préparé d'avance pour la cacher. Ils recouvrirent la place avec des tapis de soie. Ils la laissèrent dans ce lieu secret, pendant sept jours et sept nuits.

Cependant le Roi d'Éthiopie était dans le contentement que lui donnait son départ pour sa Patrie. Il alla chez son père chercher l'imposition de ses mains.

Il lui dit :

— Bénissez-moi, mon Père.

Il s'agenouilla. Salomon le releva, le bénit, puis, posant la main sur la tête de son fils, il prononça :

— Sois béni par Dieu, mon Créateur, qui a béni mon Père David, qui a béni Abraham. Qu'il soit avec toi pour toujours. Que ta postérité soit bénie comme l'a été celle de Jacob. Sois bon et non méchant, grand et non petit, pur et non corrompu, saint et non pécheur, patient et non coléreux. Que tes ennemis vivent dans la terreur de ton nom, qu'ils s'abaissent devant tes pieds. Que Sion, l'Arche d'Alliance de Dieu, te soit un guide pour toujours.

De nouveau, après la bénédiction de son Père, David s'agenouilla.

II

Les compagnons de David avaient chargé les Tables de la Loi sur un char. Ils les avaient couvertes avec de vieux harnais, des vêtements usés, des objets de rebut. Ensuite ils accumulèrent leurs bagages sur les autres chars. Les Grands Chefs s'étaient levés de leurs sièges, les cornes sonnaient, la ville faisait entendre sa voix et le spectacle était majestueux. Partout on voyait de la joie; partout éclatait la grâce. Les Chefs et les enfants poussaient des cris. Mais les vieilles et les jeunes filles pleuraient, parce qu'elles voyaient partir les enfants de leurs Chefs, les Forces d'Israël.

Et ce n'était pas sur eux seuls que pleurait la Ville, mais sur son âme qui avec eux allait partir. Certes, ils ne savaient pas encore que l'Arche d'Alliance était en train de les quitter, pourtant leurs cœurs l'avaient senti. Et ils pleurèrent à flots, comme avaient pleuré les Égyptiens quand Dieu

[183]

tua tous les premiers-nés du pays. Il n'y eut pas une maison où l'on ne pleurât ; les hommes comme les animaux. Jérusalem se sentit émue comme si elle venait d'être prise de vive force par une armée ennemie qui eût enlevé ses murailles, saisi ses habitants, pour les passer par le tranchant du fer.

Or, par ces lamentations, par ces larmes, Salomon lui-même fut troublé, de la même façon que Jérusalem. Il écarta le rideau de la fenêtre de son Palais, et il regarda par-dessus la Ville. Il vit que tous pleuraient, que tous marchaient en larmes, tel l'enfant que l'on a arraché de force des mamelles de sa mère. La mère se sauve de lui, mais l'enfant court derrière elle, en pleurant. Comme ce nourrisson tous pleuraient, tous se lamentaient ; chacun laissait tomber des larmes de ses yeux, chacun mettait des cendres sur sa tête.

Et Salomon, lui-même, quand il vit le cortège de son Fils qui partait avec tant de majesté, au milieu de la multitude, fut troublé et saisi de frayeur. Ses larmes roulèrent sur ses joues. Il dit :

— Malheur à moi ! Ma gloire est passée. Le diadème de ma confiance est tombé. Mes entrailles me brûlent parce que mon fils part. Il a arraché la majesté de mon pays. Il a entraîné les Enfants de ma Force. Ainsi notre grandeur sort de chez nous, notre royauté a été dérobée par un peuple qui ne connaît pas Dieu. Le Prophète l'avait pré-

dit : « Ceux qui me cherchent ne me trouveront
« pas. » Et maintenant, ce sont ces étrangers qui
posséderont la Science et la Sagesse. C'était sûrement à eux que songeait mon Père David quand il
a dit dans ses prophéties : « Les Éthiopiens ado-
« reront Dieu et leurs ennemis mangeront des
« cendres ; » à eux quand il a dit : « L'Éthiopie ne
« tend sa main qu'à Dieu, et Dieu la défend par
« la gloire, et les Rois de la Terre rendent grâce
« au Seigneur. » C'est à eux qu'il a pensé pour
la troisième fois quand il a annoncé : « Elofli, Tyr,
« les peuples d'Éthiopie qui sont nés sans la Loi
« trouvent la Loi. Ils disent à Sion qu'elle est leur
Mère. » C'est peut-être pour l'accomplissement de
cette destinée que mon Fils est venu de moi.

Il se tourna vers le Grand Prêtre Sadoq et lui
dit :

— Va au Sanctuaire et, parmi les premiers ornements qui habillent Sion, prends les vêtements d'or
fin, ciselés, tissés d'or, brodés de toutes les vanités
d'or, que les Philistins inventèrent pour Sion quand
elle était leur captive. Prends aussi l'étoffe relevée
de ces grelots d'or que Moïse fit accrocher aux
vêtements sacerdotaux de son frère Aron, lorsque
avec les Israélites, il pénétra sur la Terre de
Qadès. Mets à la place de ce que tu enlèves ces
vêtements que je te donne. Pour ces richesses,
donne-les à mon fils David, car, par le message
de Tamrin, son serviteur, la Mère de mon Fils

m'a fait dire : « Envoie-nous les vêtements de « Sion pour que nous les adorions, nous et ceux « qui sont au-dessous de nous, dans tout notre « Royaume. » Tu donneras ces vêtements à « mon Fils et tu lui diras : « Reçois ces vête- « ments de Sion, car toi-même et ta Mère me « les avez demandés afin que vous ne vous com- « portiez pas comme des païens et qu'ils soient « l'objet unique de votre adoration. Que Sion, « les Tables de la Loi de Dieu, te soient un guide, « partout où tu te trouveras. Nous, avec qui elles « sont toujours, nous ne vivons pas pour leur « honneur. Vous, sans qu'elles soient avec vous, « vous avez déjà commencé de les honorer. Ces « choses, Dieu les annoncées à Élie, le Prêtre, « par la bouche du prophète Samuel quand il a « dit : « J'avais voulu te rehausser, toi et la « Maison de ton Père, en te faisant encenser les « Tables de ma Loi, en te laissant debout, devant « Moi, jusqu'à la consommation des siècles. Mais « maintenant, je regrette ma décision. Je détourne « mon visage de toi, car tu m'as ignoré, Moi et « ma puissance. Tu as aimé tes enfants plus que « Moi, et, désormais, je veux honorer qui m'ho- « nore, abaisser qui m'abaisse, abolir tes descen- « dants. » Voilà ce que Dieu dit, parce que les enfants d'Élie l'avaient déshonoré. Pour toi, tu porteras ces paroles de ma part à mon fils : « Prends ces vêtements de Sion, et tous ces or-

« nements. Qu'ils te tiennent lieu de Sion. Mets-
« les dans ta tente. Quand tu voudras jurer, jure
« par eux, afin de ne pas prononcer les noms des
« dieux des païens. Quand tu voudras sacrifier,
« sacrifie dans la direction de Jérusalem, de Sion
« la Sainte ; enfin, quand tu prieras, prie dans la
« direction de Jérusalem et vers nous. »

Sadoq, le Grand Prêtre, partit pour exécuter ces
ordres. Il prit ceux des vêtements de Sion que Salomon lui avait commandé de transmettre à son fils.
Et, en recevant ces présents, David fut dans l'allégresse de la joie. Plus que jamais il glorifia son
père, il l'admira. Il dit :

— A cause de ma foi, les Tables de la Loi de Dieu
seront mes Patronnes.

Et Azaryas déclara devant son père Sadoq :

— Je suis heureux du don de ces vêtements. Mais
combien je serais plus satisfait si je possédais Celle-
là même à qui ces vêtements appartiennent !

Son père lui répondit :

— Tu dis vrai. Nous aurions été plus heureux si
le Fils de notre Roi n'était pas parti pour son pays,
et s'il était demeuré ici afin de nous gouverner.

Ensuite Sadoq dit au Roi d'Éthiopie :

— Promets-moi que tu confieras la garde de ces
vêtements de notre Sainte Patronne à mon fils que
voici, afin qu'elle soit son honneur, afin qu'elle
le protège durant sa vie, et, après lui, ses descendants. Je te demande encore de lui accorder la

dîme, et un domaine dans ton Royaume. Qu'il soit ton prêtre, ton guide, ton prophète, ton instructeur des Choses Saintes, celui de tes descendants, qu'il sacre tes Fils et les Fils de tes Fils.

Le Roi David répondit :

— Qu'il en soit ainsi que vous le dites.

Sur quoi Azaryas prit les vêtements de Sion des mains de son Père. Il les fit charger sur un char, puis on sella les chevaux, les mulets, ils partirent.

Et saint Michel les guidait. Il écartait ses ailes toutes grandes, en les précédant. Il les faisait marcher sur la mer comme si ses flots eussent été un continent. Sur la terre il les enveloppait dans des nuages pour leur dérober l'ardeur du soleil. Les chars se guidaient d'eux-mêmes ; leurs roues roulaient à une coudée au-dessus de la terre ; hommes, chevaux, mulets, chameaux allaient du même train. Ceux qui étaient montés sur eux se sentaient élevés d'une main au-dessus de leur selle. Et toute leur troupe avançait camme un bateau sur la mer, lorsque le vent le pousse.

Ainsi ils arrivèrent à Gaza, dans la province que Salomon, le Roi, avait donnée à la mère de David, lors de sa visite à Jérusalem. De là, en une seule journée, ils atteignirent l'Égypte. Ils joignirent l'endroit qui se nomme Mesrin.

Quand les Fils des Forces d'Israël virent qu'ainsi sans fatigue, sans souffrances de faim ni de soif pour eux ni pour leurs animaux, mais dans le bien-être de ceux qui viennent d'être rassasiés, ils avaient franchi en un seul jour, la distance de treize journées de marche, ils comprirent que ce miracle était un effet de la grâce de Dieu.

Ils s'adressèrent donc à leur Roi et lui dirent :

— Déchargeons ici nos chars, car nous sommes arrivés à l'eau d'Éthiopie. Ce fleuve descend de chez vous et arrose l'Égypte.

Ils déchargèrent leurs chars. Ils dressèrent leurs tentes, puis les Fils des Forts d'Israël se rassemblèrent pour se rendre tous ensemble chez leur Roi.

Ils éloignèrent de lui le peuple, ils lui parlèrent à part :

— Voulez-vous que nous vous confiions un secret ? Pourrez-vous le garder en vous-même ?

David répondit :

— Je le pourrai, et ce que vous m'aurez dit ne sortira pas de moi jusqu'à ma mort. Je garderai le secret.

Alors on lui révéla :

— La lumière était descendue du Ciel. Sur le Sinaï, elle avait été donnée à Israël. Elle était la protectrice des descendants d'Adam et de Moïse, des fils de Jessé. Voici que, par la volonté de Dieu, elle est venue chez vous. Les choses que nous vous annonçons n'ont pas été faites de notre part, mais sur le commandement de Dieu. Ce n'est pas nous qui les avons réalisées : Dieu a voulu ce qui est arrivé. Nous souhaitions posséder la lumière : Dieu nous a exaucés. Nous nous étions mis d'accord : il a embelli notre projet. Nous avons parlé, il a agi. Or, à cette heure, vous-même et votre pays, vous êtes devenus les élus de Dieu. En effet, il a bien voulu qu'elle fût à vous, Sion, la Sainte, la Céleste, la Table de la Loi. Ah! qu'elle vous soit un guide à vous et à vos descendants ! Car, vous ne pourrez pas la transporter où vous voudrez ; c'est elle-même qui va où elle veut. Si elle n'y consent pas, personne ne peut l'emporter ni la prendre. Et elle est ici, notre Reine, notre Mère, notre appui, notre aide, notre gloire, notre grâce, notre universelle guérison !

Azaryas fit un signe à Elmeyas et lui dit :

— Va, embellis et vêts notre Reine, afin que notre Roi la voie !

Quand Azaryas eut prononcé ces mots, le Roi David eut un sursaut. Il appuya ses deux mains sur son cœur. Il soupira trois fois, il dit :

— O Dieu ! Est-il vrai que, dans ta miséricorde, tu as pensé à nous qui étions abandonnés ? Tu t'es séparé de ton peuple pour que je voie de mes yeux Ta Demeure, Sion, Sainte, Céleste ? Quelles grâces allons-nous rendre à Dieu pour la grâce qu'il vient de nous faire? Sans que nous ayons, vis-à-vis de lui, aucun mérite, il nous a couronnés de gloire et d'honneur. Levons-nous ! Allons le glorifier, car il est bon pour les bons et sa gloire sera pour toujours.

[190]

Et le Roi se leva. Il bondit de joie comme un agneau, comme le petit qui est rassasié du lait de sa mère. Sa joie était pareille au plaisir de son aïeul David quand ses pieds dansèrent devant l'Arche d'Alliance de Dieu. En même temps que l'allégresse transportait son cœur, sa bouche chantait. Que dire de plus, au sujet du plaisir, du contentement de cœur, des danses, des cris de joie, qu'il y eut au campement du Roi d'Éthiopie ? L'un parlait à l'autre de ce qui était arrivé, et, tous les deux, ils dansaient. Ils battaient des mains, ils admiraient, ils levaient leurs bras vers le ciel. Ils se prosternaient le front contre terre. Ils rendaient louange à Dieu de tout leur cœur.

Le Roi entra là où était l'Arche. Il se tint debout devant elle. Il fit la génuflexion. Il l'embrassa et dit :

— Louange soit à toi, Seigneur, le Dieu d'Israël, car tu fais ta volonté et non pas celle des hommes. Tu as suspendu la Sagesse du Sage, tu as enlevé ton conseil à celui qui donnait le conseil. Tu fais sortir le pauvre d'un puits et tu lui creuses toi-même des marches dans le rocher. Dans tes mains tu tiens un calice fort et débordant pour ceux qui t'aiment, un vase sans fond, creux comme un gouffre, pour ceux qui ne t'aiment pas. Pour nous, nous trouverons notre salut en Sion. Elle éloignera le péché de ton peuple ; la bonté et la miséricorde déborderont par notre effort sur l'Univers, car nous sommes l'œuvre de tes mains. Qui pourra nous surpasser si tu nous aimes comme tu as aimé Israël, ton peuple? Qui s'opposera à ta volonté s'il te plaît de nous élever jusqu'au ciel devant ton Trône? Entre tes mains tu tiens la mort, la vie, la gloire, le déshonneur. Tu es celui qui punis et qui pardonnes, qui t'emportes et qui t'adoucis. C'est toi qui sondes les cœurs et les reins. Tu donnes et tu reprends, tu plantes et tu arraches, tu bâtis et tu abats; la beauté et l'horreur sont dans ta main; tout t'appartient, tout vient de toi, tout a été fait par toi. Et toi, Table de la Loi de Dieu, sois notre rempart partout où tu iras, où nous te porterons, dans nos demeures, au dehors, ici, là, ailleurs, sur la mer et sur le sol, dans la montagne et dans la vallée, dans les chemins, pour les rois, pour leurs ministres, pour nos peuples. Sois-nous une forteresse: nous serons tes murailles. Sois notre Reine, nous serons tes sujets. Sois notre guide, nous marcherons derrière toi. Ne nous dédaigne pas et ne t'irrite pas à cause du nombre de nos péchés, car nous sommes un peuple qui vécut sans la Loi. Nous n'avons pas appris à chanter tes louanges. Mais, maintenant, tu vas nous instruire, tu vas ouvrir nos esprits, afin que nous apprenions à te louer et que ton nom soit célébré par nos bouches, jour et nuit, dans les siècles des siècles. O Sion ! Lève-toi ! Habille ta Force pour vaincre tes ennemis. Donne la vigueur à tes Rois. Déshonore ceux qui ne t'aiment point ! Satisfais ceux qui t'aiment !

Après ces mots, le Roi tourna autour des tables et dit :

— Voilà Sion ! Le remède ! Voilà le remède, le remède ! Voilà le bonheur ! Voilà la lumière éclatante comme le soleil ! Voilà la jeune épousée dans son vêtement de noces ! Non pas une robe de gloire et de vanité qui se corrompt ! Non ! Elle est vêtue de la gloire et de la louange qui viennent de la part de Dieu ! Ne t'éloigne pas quand nous t'approcherons. Reste avec nous jusqu'à ce que ton Seigneur arrive et règne sur toi, car tu es la Demeure du Dieu du Ciel.

Telles furent les paroles que prononça le Roi David, fils de Salomon, Roi d'Israël dans le mouvement de son plaisir ; car, l'Esprit de Prophétie était descendu sur lui, il ne savait pas ce qu'il disait. Et tous ceux qui l'entendaient, admiraient. Et ils se demandaient :

— Il est le fils d'un Prophète... Est-il lui aussi au nombre des Prophètes ?

Après cela, ils touchèrent les harpes, sonnèrent les trompes, frappèrent les tambours ; ils commencèrent d'entonner des chants de musique et de plaisir. Le fleuve d'Égypte était rempli de joie, et, aux leurs, se joignaient les cris et les musiques des habitants du pays.

Les idoles commençaient de tomber : celles qui

ont été façonnées par les mains et qui représentent des hommes, des chiens, des chats. Et les temples, les aigles d'or et d'argent, les oiseaux qui leur ressemblent s'écroulaient ; car l'Arche fulgurait sur son passage comme le Soleil. Tout était ébranlé par sa majesté, et tout tombait en ruine.

On l'habilla de ses vêtements ; on porta devant elle sa housse ; on la posa sur un char que l'on avait tapissé, drapé, en dessus, tout autour, avec des soies précieuses. Les siens chantaient devant elle et derrière elle. Et ils se remirent en route comme avant.

Les Égyptiens les accompagnèrent. Ils s'inclinaient à la vue de l'Arche d'Alliance, qui s'avançait, prompte comme un soleil dans le ciel, qui passait, rapide comme une ombre.

Et, tous, courant avec elle, devant, derrière son char, ils arrivèrent à la mer où ils trouvèrent les bateaux. C'est la Mer Rouge qui fut déchirée par la main de Moïse. Quand Sion se fut approchée de ce rivage dans un cortège de chants, de musiques et de harpes, la mer la reçut avec les siens et les balança sur sa vague.

Le mugissement de la mer était comme une montagne qui s'écroule, comme le rugissement du lion dans le désert. Elle se faisait entendre au loin, comme le tonnerre de la saison des pluies, qui roule au pays de Damas et d'Éthiopie. Elle s'abaissait devant l'Arche. Et, quand les lames s'enflaient, ainsi que des montagnes, les chars s'enlevaient de trois coudées au-dessus de leur crête. La vague et son jeu se joignaient aux chants des cantiques. C'est très beau le jeu de la mer, grand, ample, admirable. Les animaux qui vivent en elle, ceux que l'on connaît et ceux que l'on ne connaît pas, sortaient pour adorer l'Arche. Et les oiseaux qui volent sur elle planaient au-dessus de l'Arche. Ils l'enveloppaient du battement de leurs ailes. C'était une joie complète pour la Mer Rouge et pour les Éthiopiens.

Ils franchirent la mer. Ils étaient plus heureux que les Israélites lorsqu'ils sortirent d'Égypte du côté du Sinaï. Ils passèrent la nuit à Qadès, et, les anges les entourèrent en chantant. Ils joignaient leurs cantiques spirituels à ceux des enfants de la terre.

Après cela, les voyageurs chargèrent leurs chars. Ils traversèrent le pays de Medyam. Ils le laissèrent derrière eux. Ils arrivèrent au pays de Bélontos qui est une dépendance de l'Éthiopie. Là, ils se sentirent satisfaits, et ils se reposèrent. En effet, ils étaient arrivés dans les dépendances de leur Patrie. Ils y rentraient avec la gloire, avec le contentement de leurs cœurs, sans fatigue du voyage, puisque, par la vertu de saint Michel Archange, une force céleste avait poussé leurs chars.

III

Quand le Grand Prêtre Sadoq retourna chez Salomon après le départ des Éthiopiens, il le trouva dans la tristesse.

Le Roi le regarda et lui dit :

— Autrefois, tandis que la Reine Makeda dormait à mon côté, j'eus une vision pendant la nuit. Il m'a semblé que je planais au-dessus de Jérusalem. Le Soleil descendait du ciel sur le pays de Juda. Il éclairait ardemment. Un peu après il s'est couché et je l'ai vu qui se relevait sur l'Éthiopie. Il n'est pas revenu sur le pays de Judée. Alors j'ai vu un autre Soleil qui descendait du ciel sur notre peuple. Il éclairait plus vivement que l'ancien, mais les hommes d'Israël n'ont pas voulu lever les yeux vers lui. Ils ont essayé d'enterrer sa lumière. Lui est ressorti de la terre, en éclairant, dans un endroit où l'on ne croyait pas qu'il surgirait. Et, depuis, il a brillé sur le pays de Rome, sur l'Éthiopie et sur leurs dépendances.

Le Grand Prêtre Sadoq répondit et dit :

— Majesté ! Pourquoi ne n'avez-vous pas parlé plus tôt d'une telle vision ? Vous faites trembler mes genoux ! Malheur à nous, les fondateurs d'Israël, si l'on a pris notre Reine, Sion, Sainte, Céleste, les Tables de la Loi de Dieu !

Le Roi répondit et dit :

— Notre intelligence est obscurcie, notre pensée a décliné comme le Soleil de Sion, la Sainte, qui m'est apparu tandis que je dormais aux côtés de la Reine d'Éthiopie. Dis-moi, l'autre jour, quand tu as enlevé les vêtements d'honneur qui habillent Sion, t'es-tu assuré si elle était là, elle-même ?

Sadoq répondit :

— Majesté, j'ai enlevé trois des vêtements qui sont sur elle, et je vous les ai apportés, après l'avoir recouverte de ceux que vous m'avez donnés en échange.

Le Roi dit :

— Maintenant, va vite ! Regarde notre Reine, assure-toi de sa présence !

Sadoq prit les clefs, il partit, il ouvrit les portes de la Maison de Dieu. Il entra en se hâtant. Il regarda, il chercha. Il ne trouva rien, si ce n'est les planches de bois, le simulacre d'Azaréas, appuyées à l'endroit où autrefois était Sion.

A cette vue, il tomba le front contre terre ; son âme coula hors de lui dans la terreur et il demeura glacé.

Cependant, comme il tardait à revenir, Salomon envoya vers lui Joas, fils de Jodahé.

Joas entre. Il le trouve à terre, tombé comme un mort. Il lui soulève la tête, il l'étend, il n'en obtient rien. Il écarte ses vêtements, il le tâte pour voir s'il lui trouvera quelque chaleur. Alors il l'appuie contre une table, et, lui-même, il regarde du côté du Tabernacle de Sion.

Il s'approche, il le trouve vide. Il tombe à terre; il se relève; il met de la cendre sur sa tête; il prend la fuite; il sort hors des portes; il crie devant la Maison de Dieu.

Et son cri fut entendu jusqu'au Palais du Roi. Aussitôt Salomon se leva. Il donna l'ordre de publier la nouvelle dans la ville, de sonner les cornes d'alarme, de poursuivre les gens du Pays d'Éthiopie. Il voulait si l'on atteignait son Fils, qu'on le lui ramenât avec l'Arche. Pour tous les autres, il ordonnait qu'on les passât par le tranchant du fer.

Il prononça ces mots de sa propre bouche :

— Dieu vivant! Dieu d'Israël! Que tous meurent! Ils ont volé Votre Maison! Ils ont voulu souiller la Demeure de Votre Nom en allant l'établir dans ce pays sans Loi !

Sur ces mots, le Roi Salomon se leva avec fureur pour courir à la poursuite.

Et, dans le temps que le Roi, ses officiers et ses Forts se levaient pour combattre, les vieillards d'Israël se rassemblèrent dans la Maison de Dieu avec les veuves, les femmes anciennes, les vierges. Et ceux-ci, tous ensemble, pleurèrent à cause de Sion ; car elle était partie de chez eux, la Table de la Loi de Dieu.

Après plusieurs heures, le Grand Prêtre Sadoq reprit ses sens. Le Roi avait donné l'ordre à ses soldats de battre le chemin à droite et à gauche. Il soupçonnait en effet que, inquiets de leur vol, les Éthiopiens s'étaient jetés en dehors de la grande route. Quant à lui, il suivit leurs traces. Il avait envoyé en avant des éclaireurs à cheval pour qu'ils découvrissent les pillards et revinssent l'informer.

Ces éclaireurs arrivèrent au Pays de Mesrin, là où les Éthiopiens avaient campé avec le Roi et où l'on avait acclamé Sion. Ils questionnèrent les habitants.

Les gens d'Égypte leur répondirent :

— Il y a longtemps que ceux d'Éthiopie sont partis d'ici. Ils volaient sur leurs chars comme des anges. Ils étaient plus légers que les aigles dans le ciel.

Les éclaireurs répondirent :

— Quel jour sont-ils partis de chez vous ?

Les Égyptiens répondirent :

— Il y a neuf jours qu'ils sont partis de chez nous.

Ayant recueilli ces renseignements, les cavaliers de Salomon se divisèrent en deux troupes : la moitié d'entre eux retourna sur ses pas, l'autre moitié poursuivit sa recherche du côté de la Mer Rouge.

Ceux qui étaient revenus vers le Roi, lui dirent :

— Nos compagnons ont persévéré dans la poursuite, nous autres, nous sommes revenus pour vous avertir. O Roi ! Jugez par vous-même : ils sont partis de chez nous un lundi. Dès le mardi, ils étaient arrivés au fleuve du Pays de Mesr. Nous autres, qui, par vos ordres, venions de Jérusalem nous avons atteint le fleuve le dimanche. Il nous a fallu quatre jours pour revenir vers vous. Examinez donc dans votre intelligence, à quelle distance d'éloignement ces Éthiopiens sont maintenant parvenus.

Mais Salomon s'emporta de colère et il ordonna :

— Saisissez ces hommes jusqu'à ce que l'on ait vérifié l'exactitude de leur témoignage !

Et le Roi se mit lui-même en mouvement avec sa Force. Il arriva au Pays de Gaza. Il interrogea les habitants. Il leur demanda :

— Quand mon fils est-il passé chez vous ?

Ils dirent :

— C'est un mardi qu'il a traversé notre territoire. Personne ne marchait sur la terre, dans son escorte, mais vraiment les chars étaient portés par le vent, plus légers que les aigles dans le ciel. Leurs bagages allaient aussi vite qu'eux, par le même artifice. Et nous avons cru que ceci était l'œuvre de votre Science, que vous leur aviez donné des chars qui marchaient par le vent.

Salomon demanda encore :

— Est-ce que Sion Sainte, la Table des Lois de Dieu, était avec eux ?

Ces gens répondirent :

— Nous n'avons rien vu.

Salomon passa au delà. Il trouva un officier de Pharaon que le Roi d'Égypte avait envoyé au-devant du Roi Salomon, avec de grands cadeaux, et avec une importante somme d'argent. Cet officier se prosterna ; mais immédiatement Salomon commença de le questionner, avant qu'il eût pu remettre son présent et s'acquitter de sa commission.

Il demanda :

— As-tu vu les Éthiopiens quand ils ont passé par ici ?

L'envoyé de Pharaon répondit :

— Vous êtes le Roi pour l'éternité. D'Alexandrie mon Seigneur Pharaon m'a envoyé vers vous et voici pourquoi je viens. En quittant Alexandrie je suis entré dans le pays de Qafra, qui est terre de mon Roi. Les gens d'Éthiopie dont vous me parlez, étaient déjà arrivés. Le mardi ils passaient le fleuve de Mesr. Ils faisaient résonner leurs harpes, leurs chars roulaient comme s'ils étaient poussés par une Force Céleste. Ceux qui les voyaient disaient : « Ceux-ci, qui sont de la Terre,

« semblent du Ciel. Qui donc au monde possède
« une Science supérieure à celle de Salomon, Roi
« d'Israël? Cependant, jamais lui-même n'est
« monté sur un char vivant comme ceux-ci ! » Et
tous les habitants du pays, ceux qui demeurent
dans les maisons hautes, sont venus témoigner
que, à l'entrée des Éthiopiens dans ce Pays
d'Égypte, nos idoles sont tombées et qu'elles se
sont brisées. Et les Dieux de mon Roi et les Palais de ses Dieux se sont écroulés de même. Quand
nous avons interrogé les docteurs de nos sciences
divines, les savants d'Égypte, sur la raison qui
fait crouler nos dieux, ils ont répondu: « La De-
« meure du Dieu d'Israël était descendue en Israël
« pendant des siècles ; elle s'était fixée dans ce
« pays ; mais voici qu'elle vient d'entrer sur la
« Terre d'Égypte ; et alors nos Dieux sont tombés
« et ils se sont brisés. » Je vous interroge donc
à mon tour. O Roi, il n'y a personne sous le
ciel qui égale votre Science. Pas un être vivant.
Pourquoi donc avez-vous donné ces Tables de la
Loi de votre Dieu que vos pères vous avaient lé-
guées ? Nous avions entendu dire que c'étaient
elles qui vous gardaient des mains de vos ennemis.
L'Esprit des Prophètes vous parlait en elles. Le
Dieu du Ciel habitait en elles par son Saint-Esprit?
Vous vous appeliez les hommes de la Maison de
Dieu? Pourquoi avez-vous donné votre gloire à
d'autres ?

Salomon fut inspiré par sa Sagesse et il répondit :

— Comment ces étrangers auraient-ils pu enlever notre Reine ?... Ils ne l'ont pas emportée avec eux, puisqu'elle est avec nous...

Mais, aussitôt il rentra dans sa tente; et il pleura à flots, disant :

— O mon Seigneur ! Est-ce donc dans mon temps que tu retireras de nous ton Arche d'Alliance ? Est-ce à moi que tu l'enlèves ? Au lieu de l'ôter pendant que je vis, tu aurais mieux fait de prendre mon âme avant elle. Quant à toi, tu ne mens pas ! Tu n'abandonneras pas les promesses que tu as faites à nos pères, à Noé, ton serviteur, qui a observé la justice, à Abraham, qui jamais n'a transgressé tes commandements, à Isaac, ton favori, qui tint son cœur pur de toutes souillures, à Jacob, ton saint, que tu as multiplié par la vertu de ton esprit, que toi-même tu as baptisé du nom d'Israël, à Moïse et à Aron, tes prêtres, qui, dans leur temps, virent l'Arche du Ciel descendre sur la Terre pour qu'elle devînt l'héritage des enfants de Jacob, pour que les lois et les commandements auxquels ils obéiraient fussent copiés sur ceux des anges. Et jusqu'ici, ton Arche était restée avec nous; mais nous n'avons pas agi pour le mieux avec elle; et c'est pour cela que tu viens me l'enlever du milieu de nous ! O Dieu ! Ne vois pas notre méchanceté, mais souviens-toi seulement de l'ardeur de la foi, des bonnes actions de nos ancêtres. David, mon père s'était mis à bâtir ta Maison Sainte. C'est toi qui lui as dit : « Tu ne bâtiras pas Ma Maison toi-« même, mais bien le fils qui sortira de ton rein. » Et comme ta parole ne doit pas être abolie, c'est moi, en effet, qui, avec ton aide, ai bâti Ta Demeure. Quand j'ai eu achevé de l'édifier j'y ai fait installer Ton Arche d'Alliance. J'ai offert l'holocauste en Ton Saint Nom. Tu accueillais mon holocauste, ta gloire résidait dans Ton Temple, et nous, tes peuples, nous étions satisfaits, parce que nous voyions ton honneur en lui. Et voici que, dans la troisième année de l'achèvement du Temple, tu nous as enlevé notre lumière pour éclairer ceux qui sont dans les ténèbres. Malheur à moi ! Je pleure sur moi-même ! Mon père David, lève-toi ! Pleure avec moi, sur notre Souveraine, car Dieu nous a rejetés ! Il a enlevé notre Souveraine de tes enfants. Nous avions abandonné sa Loi et négligé son Commandement. Les prêtres ne faisaient pas leur devoir, nous ne rendions pas la justice aux pauvres ; alors nos dos seront exposés aux lances de l'ennemi. Malheur à nous ! Nos enfants et tout ce que nous possédons deviendront un butin pour d'autres. Vieillards et veuves, pleurez ! Vierges, lamentez-vous ! Car notre Patrie est perdue dès maintenant pour nous et pour nos enfants jusqu'à la fin de notre temps. Du moins cette douceur nous reste : si la gloire de la Fille de Sion est détruite, la gloire de la Fille d'Éthiopie a grandi. Hélas ! nous étions les Enfants de la Maison, nous sommes devenus les Enfants du Dehors. Dieu aime la pureté et nos lévites l'ont abandonnée pour la corruption. Nos Prophètes nous avaient prévenus, mais nous n'avons pas écouté leurs avertissements.

Tandis que Salomon prononçait ces paroles, les larmes coulaient de ses yeux. Il pleurait à flots.

L'Esprit des Prophètes descendit sur lui et lui dit :

— Pourquoi t'abandonnes-tu ainsi ? Ce qui est advenu est arrivé par la volonté de Dieu. L'Arche n'a pas été donnée à un étranger : elle est aux mains de ton fils, ton premier-né qui restera sur le trône de ton père David. Car Dieu avait fait la promesse à ton père, sans hésitation, en ces termes :
« Je placerai sur ton Trône le fruit de ton rein,
« dans Sion Sainte, mon Arche d'Alliance. Et je le
« ferai grand, à cause de cette promesse, parmi les
« Rois du Monde. » Résigne-toi donc et rentre chez toi. Ne désespère jamais dans ton cœur ; mais après que tu te seras consolé pour la raison que je t'ai dite, prononce : « Que la volonté de Dieu soit faite ! »

Ensuite un Ange du Seigneur passa au-dessus du Roi et lui dit :

— Tu as bâti la Maison de Dieu... Si tu gardes ses Commandements, si tu n'adores pas d'autres Dieux, elle sera ton espérance, ton appui... Dieu, ton père, t'aimera.

[205]

Après cela Salomon rentra dans Jérusalem. Là, il pleura avec les vieillards de la ville dans la Maison de Dieu. Le Roi et le Grand Prêtre appuyèrent leurs têtes l'une contre l'autre. Et ils pleurèrent ensemble, à flots, dans le Tabernacle de Sion. Ils restèrent pendant quelques heures comme inanimés.

Après un long temps, les Grands d'Israël se levèrent et ils dirent au Roi :

— Majesté, ne vous désespérez pas à cause de ce qui est arrivé, car nous avons la foi que Sion reste là où c'est la volonté de Dieu qu'elle aille, de l'instant de son arrivée jusqu'à la minute de de son départ. Un jour, dans le temps d'Élie, le Prêtre, elle a été prise par les Philistins. Par sa propre vertu elle nous est revenue d'elle-même. Quand Saül a été vaincu et quand il est mort, ses enfants ont voulu la cacher dans la vallée de Gilboa afin que ton père David ne la prît pas. Or, par la volonté de Dieu, ton père l'a amenée depuis la ville de Samarie, jusqu'à Jérusalem, en dansant sur ses pieds, en battant des mains devant elle. A cette heure, tu pleures, parce qu'elle est partie pour le Pays d'Éthiopie ? Souviens-toi que cela est arrivé par la volonté de Dieu. Si Dieu le veut, elle nous reviendra. Sinon, qu'elle reste où elle est, selon sa volonté.

Le Roi Salomon répondit et dit :

— Voici ce que je vous réponds : Si j'avais été

requis moi-même pour porter Sion hors de chez nous, Dieu pouvait exiger ce sacrifice de moi. Vous auriez obéi, vous aussi. Qui de nous aurait pu résister à Dieu, s'il avait plu à sa colère de nous effacer à jamais, de donner notre terre à ces Éthiopiens, et, avec elle, les espérances de notre postérité ? Car Dieu règne sur la Terre comme au Ciel; il est le Roi qui ne sera pas détrôné, dans les siècles des siècles... Mais de nouveau, retournons dans sa Maison.

Il entra avec eux dans le Saint des Saints. Et ils pleurèrent, et il pleura avec eux, Sion Céleste.

Après un long silence le Roi Salomon prit la parole et dit :

— Maintenant abandonnons notre deuil, afin que les incirconcis et les païens n'en prennent pas avantage contre nous, disant : « Leur gloire est à bas « et leur Dieu les a abandonnés. » A dater d'aujourd'hui, ne dites rien de tout cela aux païens ni à aucun étranger. Nous prendrons ces planches de bois, nous les enchâsserons dans l'or pur. Nous les embellirons comme notre Souveraine, Sion. Dessus nous allons graver les paroles de la Loi. Nous avons pour nous la Jérusalem Libre et Céleste. Et, au-dessus de tout, nous sommes les descendants d'Israël. Si nous obéissons aux Commandements de Dieu, il nous ôtera des mains de nos ennemis, de tous ceux qui nous haïssent. Mais il nous a affligés et notre tristesse sera pour toujours.

Les grands d'Israël répondirent et dirent :

— Que ta volonté soit faite et celle de notre Dieu. Pour nous, nous ne te désobéirons pas, nous ne dirons jamais aux païens, à personne, que Sion a été enlevée de chez nous.

Tel fut le serment que les Grands d'Israël jurèrent, dans la Maison de Dieu, avec le Roi Salomon.

CHAPITRE IX

L'AMOUR ET LA SCIENCE

I

Quand le Roi d'Éthiopie, revenant de Jérusalem, fut parvenu au pays de Ouaqérom, il dépêcha par bateau des messagers à la Reine Makeda. Ses envoyés, étant arrivés au terme de leur voyage, contèrent à la Reine toutes les joies qu'ils avaient eues, comment ils amenaient avec eux la Sion Céleste.

Ayant appris cette nouvelle, la Reine publia un édit, par tout son Royaume, afin de préparer la réception de son fils, et, plus encore, celle de Sion Céleste, la Table du Dieu d'Israël.

Les Éthiopiens sonnèrent les cornes devant elle. Grands et petits étaient plongés dans l'allégresse. Ils partirent avec elle pour aller au-devant de leur Roi.

Elle parvint dans la province qui est tête du royaume d'Éthiopie, et là, elle organisa, elle-même, toutes les gloires de la réception. Elle amassa des parfums sans nombre, de Balté jusqu'au Galtêt, d'Alsafu jusqu'à Saba. Elle commanda et elle recueillit tout ce qu'il fallait.

Son fils arrivait par la route d'Azyaba, de Ouaqérom. Il sortit vers Masas et il monta à Bour. Ainsi il parvint dans la Province qui est la tête du Royaume d'Éthiopie, là où la Reine avait bâti sur une montagne la ville que, de son nom, elle nommait Makeda.

Le Roi David rentrait dans le Pays de sa mère avec beaucoup de majesté. Au-dessus du cortège, la Reine aperçut l'Arche d'Alliance qui brillait comme le soleil. Quand elle l'eut distinguée, elle l'adora, le front contre terre. Elle frappa son sein; elle releva la tête : elle regarda vers le ciel; elle rendit gloire à son Créateur. Ses mains battirent, sa bouche chanta, ses pieds dansèrent, son cœur s'embellit par le plaisir, son âme s'exalta. Comment dire la joie, qui, ce jour-là, fut celle du Pays d'Éthiopie, des grands jusques aux petits, des hommes jusques aux animaux?

Sur la montagne de Makeda, là où il y a de la bonne eau, sur une large étendue, on dressa des tentes aux formes diverses, les longues et les rondes. Pendant ce temps la Reine faisait tuer des bœufs et des taureaux, au nombre de trente-deux mille.

On avait installé Sion au cœur de la montagne de Makeda. En plus de ses gardes propres, qui étaient au nombre de trois cents, la Reine fit veiller l'Arche par trois cents porte-glaive. A son fils elle en donna sept cents. On était dans l'admiration de l'éclat et du luxe des vêtements, car, depuis la Mer Aléba jusqu'à Asséfa, la Reine de Saba administrait merveilleusement son Royaume. Sa parole était obéie de tous, elle jouissait d'une gloire, de richesses que l'on n'a jamais possédées avant elle, que jamais l'on ne possédera après. Et ce que le Roi Salomon était à Jérusalem, la Reine Makeda l'était en Éthiopie. A eux deux furent accordées toute science, toute gloire, toute richesse, toute grâce, la connaissance de ce qui est, la beauté du langage et des pensées.

Dans le troisième jour des fêtes, la Reine donna à son fils des chevaux choisis pour la guerre, de ceux qui enlèvent le camp de l'adversaire et qui piétinent son pays. Il y en avait soixante-dix-sept mille, plus sept mille sept cents juments, trois cents mules, trois cents mulets, des vêtements uniquement précieux, de l'or et de l'argent dans la mesure de Gomor, et quantité de cette mesure que l'on nomme « koros », chaque fois six et sept. Elle lui fit largesse de tout cela, selon la Loi. Et, comme elle voulait encore lui donner son Trône, elle dit à ses officiers :

— Prêtez serment par l'Arche Sainte que vous ne sacrerez plus des femmes pour les élever sur le Trône du Royaume d'Éthiopie, mais uniquement des mâles, descendants de David, fils de Salomon, le Roi.

Tous les Grands de la Maison Royale prêtèrent le serment, et, après eux, les officiers, les conseillers, les intendants. Ils jurèrent, entre les mains d'Azaryas, d'Elmeyas, des Grands Prêtres et des Chefs des Diacres. Ils décidèrent de renouveler le sacre. En attendant, les Enfants d'Israël, assistés de David, leur Roi, fixèrent la Loi Nouvelle dans la Tente des Témoignages. Le règne fut renouvelé, le cœur des hommes fut éclairé par la vue de Sion. Les Éthiopiens jurèrent d'abandonner leurs idoles, d'adorer le vrai Dieu qui les a créés. Ils rejetèrent toutes les œuvres du passé afin de professer la justice, la droiture et tout ce que Dieu aime.

Ayant donné le Royaume d'Éthiopie à son fils, fils de Salomon, Roi d'Israël, la Reine Makeda lui dit :

— Prends. Je te donne ce Royaume. Je te sacre, toi que Dieu a déjà sacré. Je choisis Celui que Dieu a choisi, Celui qui soutiendra la Tente de Dieu. J'aime Celui en qui Dieu a aimé le Serviteur de la Loi. J'élève celui que Dieu a élevé, Ce lui qui nourrira les vieillards. J'honore Celui que Dieu a honoré et qui donnera des aliments aux orphelins.

Le Roi se leva avec ses vêtements d'apparat.

Il se prosterna devant sa mère, il dit :

— O ma Souveraine, c'est toi qui es la Reine et je ne suis que ton serviteur. Partout commande ce que tu voudras, pour la mort ou pour la vie. Partout où tu m'enverras je serai. Tes commandements je les exécuterai tous. Tu es la tête, moi les pieds, la maîtresse, moi l'esclave. Tout sera par ta parole, à ton ordre, nul ne désobéira, ta volonté entière je la ferai. Prie seulement sur moi afin que le Dieu d'Israël m'épargne sa colère. On m'a dit qu'il me serait sévère si je n'accomplissais pas sa volonté, si je n'embellissais pas Sion, asile de sa gloire. En effet, l'Ange de sa Force qui nous a conduits jusqu'ici ne se sépare jamais de Sion, et il nous surveille nous-mêmes, perpétuellement. Écoute donc, ô ma Souveraine, ce qu'il convient que nous fassions, moi et ceux qui viendront après moi, afin d'obéir à Dieu, de conserver parmi nous ton Arche, et d'être, ainsi, protégés contre les entreprises de nos adversaires. Nous avons apporté avec nous, en même temps que les commandements de Dieu, la Loi Écrite du Royaume. Le Grand Prêtre Sadoq nous l'a dictée, le jour où il m'a oint, avec l'huile du sacre, dans la Maison Sainte de Dieu. Il tenait dans ses mains la corne d'huile parfumée d'où coulent la Prêtrise et la Royauté. Il faisait selon le rite. Le même jour, il a oint Azaryas pour le Sacerdoce, moi pour le Trône, Elmeyas pour qu'il fût la Bouche de Dieu, c'est-à-dire le Gardien de la Loi, le Gardien du Temple, par conséquent le Gardien de Sion, l'Oreille du Roi dans toutes les routes de la Sainteté. On m'a dit que je ne devais rien faire sans prendre l'avis de ces deux Oints. J'étais debout devant le Roi, en face de tous les Grands de la Maison d'Israël. Et le peuple entier entendait ce que nous recommandait le Grand Prêtre Sadoq. Aussitôt la Trompette d'Airain a sonné, les harpes ont chanté avec les luths et les guitares. Des cris de joie se sont élevés, que l'on a entendus jusqu'aux portes de Jérusalem. Comment pourrais-je vous raconter, à vous autres, qui êtes restés ici, ce qui s'est passé là-bas ? A nous, ils nous a semblé que la Terre s'émouvait jusque dans son fondement, que le Ciel tonnait au-dessus de nos têtes. Nos cœurs et nos genoux tremblaient. Et quand le calme est revenu, le Prêtre qui nous commandait s'est levé avec la crainte de Dieu, avec des larmes sur son visage. Nos entrailles étaient émues, nos larmes, à nous aussi, coulaient, comme l'eau sur notre poitrine. Cela est vrai, sans mensonge : quand la Loi nous a été donnée, Dieu était présent ! Et maintenant, ô ma Souveraine, écoute ce que vont te dire les

Forts d'Israël. Ils ont apporté avec eux la Loi et le Code de Justice qui ont été écrits en présence du Roi Salomon, et qui nous ont été donnés pour que nous ne nous égarions ni à droite ni à gauche, dans le chemin où il nous a été commandé de marcher.

Aussitôt Azaryas et Elmeyas produisirent le Livre où ces Commandements de Dieu avaient été écrits en présence du Roi Salomon. Ils les lurent devant la Reine Makeda, devant les Grands d'Israël. Et quand ces paroles eurent résonné, grands et petits, tous ceux qui étaient sur la place, se prosternèrent devant Dieu. Ils adorèrent Dieu qui venait de leur faire entendre son commandement, afin que désormais la justice fût distribuée en son nom. Ils lui rendirent hommage. Et tous les Éthiopiens qui se trouvaient là furent transportés d'allégresse.

Et la Reine dit à son fils :

— Mon fils, Dieu t'a donné la droiture du cœur. Marche avec elle. Ne t'écarte pas de ton chemin. Aime ton Dieu : il est miséricordieux pour ceux qui sont doux : par son commandement on connaît sa route, par le ton de son langage on connaît sa bonté.

Elle tourna son visage vers Azaryas, vers Elmeyas, tous les Forts d'Israël et elle leur dit :

— Vous, gardez mon Fils. Enseignez-lui les routes de l'amour de Dieu et de l'honneur de notre Souveraine, Sion. Instruisez-nous plus exactement afin que nous et notre postérité, dans la suite des siècles, nous n'osions pas ce qui est contraire à la Loi, mais que, bien au contraire, nous méritions d'être bénis, en faisant ce qui plaît à Dieu, ce qui lui donne le goût d'habiter parmi nous. Pour toi, mon fils, écoute la parole de tes aïeux, laisse-toi conduire par leurs conseils. Que l'amour du vin et des femmes ne trouble pas ton esprit. Ne t'enorgueillis pas de tes vêtements précieux, des harnachements de tes chevaux, de la vue des outils de guerre qui marchent devant toi et derrière toi. Que ton espérance soit en Dieu, en Sion, qui est la Loi de ton Créateur. Alors tu triompheras de ton adversaire; tes ennemis, de près et de loin, seront foudroyés par ton apparition, et, sur la terre, ta postérité se multipliera.

Les Fils des Forts répondirent d'une seule voix :

— Vous êtes notre Souveraine, et nous sommes avec vous, pour toujours. Notre pensée ne se détachera pas de notre Seigneur le Roi. Nos livres nous l'ordonnent et le Dieu d'Israël sera son soutien. Qu'il écoute les conseils de sa Mère, qu'il suive la route de bonté qu'elle lui montre, car il ne se peut rencontrer dans notre temps quelqu'un qui égale en intelligence sa Mère et lui-même. Pour vous, ô Reine, souvenez-vous que vous avez été la cause de notre venue ici, avec Sion l'Arche d'Alliance de Dieu. Vous nous avez amenés, comme on conduit les chameaux chargés de biens précieux par une corde mince, attachée à leurs naseaux. Et, maintenant que nous sommes venus, ne nous abandonnez pas, ne nous considérez pas comme des étrangers sans parents, mais traitez-nous comme vos serviteurs qui lavent vos pieds; car, si nous mourons et si nous vivons, nous serons avec vous. Et nous n'avons plus d'espérance dans notre Pays où nous sommes nés. Nous n'avons plus de foi qu'en vous et dans notre Souveraine, Sion, Sainte, Céleste, Demeure de la Gloire de Dieu.

La Reine répondit et leur dit :

— Que parlez-vous de serviteurs? Non! Nous vous traitons comme des frères et comme les Maîtres de la Doctrine! Car vous êtes pour nous les Gardiens de la Loi de Dieu, les Guides dans les Commandements du Dieu d'Israël, les Hommes de sa Maison, les Gardiens de notre Mère Sion. En suivant vos pas nous nous éloignerons du Mal, qui déplaît à Dieu, nous nous rapprocherons du Bien, qu'il aime. Seulement prêchez tout ce peuple. Enseignez-lui le Verbe de la Sagesse, car il ne le connaît pas. Il l'a entendu aujourd'hui pour la première fois. Or, la Sagesse et la Science éclairent comme le Soleil ceux qui ont de la raison. Quant à moi, je ne suis pas assez entrée dans l'eau de la Science, car elle est douce comme du miel, elle rafraîchit mieux que le vin. Elle rassasie, elle inspire de la Sagesse; elle se contente par elle-même; elle baigne d'une sueur bienfaisante, comme celle qui perle au front du coureur, e^t soulage celui qui a porté un fardeau lourd dans la montée d'un pays chaud. C'est pourquoi les Sages et les Prophètes, lorsque leurs cœurs se sont ouverts à la profession de la Sagesse, n'ont redouté ni le Roi, ni sa majesté, ni sa grandeur, si cet Oint était en dehors de la route de Dieu. Pour moi, je te prie, Seigneur d'Israël, Saint des Saints ! Donne-moi la Science ! Fais que je la suive, que je ne me détache jamais d'elle ! Donne-la-moi, qu'elle me soit mon soutien contre les chutes ! Donne-la-moi comme une aile qui me fasse voler dans l'air ! Donne-la-moi, comme une colonne qui empêche mon écroulement ! Donne-la-moi, comme une forteresse où je ne serai pas enlevée ! Donne-la-moi, comme une chaussure qui me protège contre les pierres ! Donne-la-moi, pour qu'elle me sauve du péril d'être engloutie ! Donne-la-moi, pour que je me fortifie, au lieu de m'affaiblir ! Donne-la-moi, pour que j'habite dans sa paix, pour que je sois rassasiée à sa table, sans lassitude, pour qu'elle soit le breuvage qui n'apaise jamais complètement ma soif ! Je me suis fatiguée à la suivre et je ne suis pas tombée. Je suis tombée pour l'amour d'elle et je ne me suis pas perdue ! Je suis descendue dans la grande mer : j'ai pris la perle dans la profondeur de son abîme et je m'en suis enrichie. Je suis tombée en elle comme l'ancre de fer qui retient les navires, qui les oblige à passer la nuit sur les profondeurs du large. J'ai dormi en rêvant dans le sein de l'abîme. J'ai vu en songe une étoile qui s'abritait dans mon sein ; je l'ai prise avec adoration : je l'ai exposée au soleil pour qu'il la fortifiât et je ne la laisserai pas échapper de mes mains à travers les siècles. Mais, éclairée par ses rayons, par l'échelle des cordages je suis montée au sommet du mât, je suis entrée à pleines voiles dans le Port de la Science. J'ai puisé l'eau de la Sagesse, j'ai été inondée de la flamme et de la chaleur de l'étoile qui me guidait. J'ai pris mon espérance en elle. J'ai été sauvée par mon espoir. Et ce n'est pas moi seule qui ai trouvé le salut en elle. Ce sont tous ceux qui voudront mettre le pied dans les traces de la Science, les gens de mon Pays, tous ceux du Royaume d'Éthiopie, avec eux, les païens qui nous entourent ; car, en Sion, Dieu nous a donné ses promesses de postérité, une demeure dans Jérusalem. Nous sommes venus au partage avec ceux que Dieu avait élus, les Fils de Jacob. Le Seigneur a voulu que sa Maison fût parmi nous ; ceux qu'il avait appelés d'abord sont tombés, et nous, nous sommes droits. Nous serons honorés et aimés jusqu'à la consommation des siècles. Mais, pour cela, il faut que vous tous, mes Officiers, m'écoutiez, et que vous méditiez les paroles que ma bouche prononce. Désormais vous devez aimer la droiture, haïr le mensonge. La droiture est âme de justice, le mensonge tête d'iniquité. Ne tirez plus au sort comme vous faisiez autrefois, car Dieu est avec vous et la Demeure de sa Gloire est au milieu de vous. Vous êtes maintenant les Gens de sa Maison. Abandonnez donc dès aujourd'hui vos anciennes coutumes d'orgueil, de sorcelleries, de magies, d'empoisonnements, de maléfices. Et si, désormais, quelqu'un d'entre vous est surpris dans la pratique des erreurs anciennes, pillez sa maison, condamnez-le dans sa personne, dans sa femme, dans ses enfants et dans ses biens.

Elle dit à Azaryas :

— Parle donc, toi aussi, et annonce-nous tout ce que notre Souveraine désire de son Roi Céleste.

Azaryas se leva et dit à la Reine :

— O notre Souveraine, je le dis en vérité, nul n'égale la Science, la Sagesse que Dieu t'a données, qui nous ont amenés dans ce pays, en compagnie de mon Seigneur le Roi, et de notre Reine Céleste, Sion Sainte. Nous et nos pères nous disions : « Dieu n'a élu sur la terre que la Maison, « de Jacob ; il l'a multipliée toute seule ; il nous « a aimés uniquement ; c'est lui qui a sacré notre « Roi ; il a fait de nous les Hommes de sa Mai- « son, les instruments de la gloire de son Arche « d'Alliance ; le Pays qu'il a choisi, c'est le nôtre... » Mais, maintenant, nous voyons une terre admirable, la Terre d'Éthiopie, meilleure que la Terre de Juda. Et depuis que nous sommes arrivés dans votre cher pays tout ce que nous y avons trouvé est bon. Votre eau est bonne, vous la donnez sans payer. L'air et le vent ne blessent pas. Les rayons de miel sont fréquents, comme la terre mouillée dans une plaine. Les animaux sont nombreux comme le sable de la mer. De tout ce que nous avons vu, rien n'est mauvais, de tout ce que nous avons entendu, rien qui choque, de ce que nous avons touché de nos mains, goûté de notre bouche, rien qui ne plaise. Seulement il y a une chose que l'on aperçoit tout d'abord : vous êtes noirs de visage, et ce que je dis là, c'est parce que je le vois. Mais si Dieu éclaire vos cœurs, vous n'avez pas lieu de vous en affliger. Il faut donc que vous vous éloigniez des cadavres des animaux et du sang de la femme, de l'adultère, de tout ce que Dieu hait, afin que nous ayons, nous autres, de la joie à vous contempler, vivants, comme il convient, dans la crainte de Dieu, et soumis à sa parole. C'est Dieu, en effet, qui a dicté notre devoir à nos pères par la bouche de Moïse quand il a dit : — « Commande à tous, « afin qu'ils observent ma Loi et mon Code, et « ne s'éloignent ni à gauche, ni à droite, de ce « que nous vous commandons aujourd'hui. » Et, maintenant, adorez le Dieu Saint d'Israël. Faites sa volonté, car ce Dieu qui nous a tous créés a re-

jeté ses Enfants de Jérusalem et c'est vous qu'il
a élus. Voici ce que j'ai à vous dire de sa part :
ne vous opprimez pas les uns les autres, ne prenez pas l'argent de votre prochain, ne médisez
pas de lui, n'ayez ni querelle, ni dispute. Si un
animal ou quelque chose qui est du bien de votre
prochain tombe en vos mains, n'en disposez pas
jusqu'à ce que ce maître soit retrouvé. Alors ren-
dez-le-lui. Si celui qui possédait ne peut être retrouvé, gardez ce bien jusqu'à ce que son maître
soit découvert. Si le bien de votre prochain
tombe dans le fossé, dans le puits, dans le ravin,
dans l'abîme, ne passez pas sans en avertir son
maître, sans l'aider à sauver ce qui lui appartient.
Si quelqu'un creuse un puits, s'il commence une
construction, qu'il ne les abandonne pas sans les
avoir fermés et entourés d'une haie. Si vous ren-
contrez quelqu'un qui porte un fardeau lourd et
qui a laissé tomber sa charge, ne le dépassez pas
sans l'avoir aidé à la relever : il est votre frère.
Ne corrompez pas la justice qui est due au pauvre
ou à l'orphelin. Ne jugez pas les plaideurs sur
leur mine; ne recevez pas des présents qui flétri-
raient votre justice et paieraient le faux témoignage. Ne faites pas cuire le veau dans le lait de
sa mère. Si vous trouvez dans votre champ un oiseau avec ses petits, ne le détruisez pas, mais
soignez sa couvée pour que, sur la terre, votre
postérité soit bénie. Quand vous moissonnerez

vos champs, ne ramassez pas les épis qui tombe-
ront de vos mains. Si vous avez oublié quelques
gerbes, ne retournez pas les chercher ; laissez-les
aux pauvres de votre pays, afin que Dieu bénisse
les fruits de votre terre. Ne mêlez pas de méchanceté à vos paroles, afin d'échapper vous-mêmes aux
malédictions de la Loi que Dieu vous a donnée.
En effet, il y est écrit : « Celui qui égarera un
« aveugle sera maudit ; celui qui insultera un
« sourd, sera maudit ; celui qui frappera son ami
« ou qui le dupera, sera maudit ; celui qui versera
« le sang d'un innocent, sera maudit ; celui qui
« désobéira à son père et à sa mère, sera maudit ;
« celui qui fabriquera des idoles et des statues,
« celui qui les introduira dans la maison, celui
« qui les cachera, celui qui les adorera, sera mau-
« dit. Ceux qui ne croiront pas que le Seigneur
« Dieu a créé le Ciel et la Terre, qu'il a fait Adam
« à sa ressemblance, qu'il lui a donné pouvoir sur
« toute la Création, et que, nous tous, nous sommes
« les créatures de ce Dieu, qu'il soit maudit.
« Mais, par-dessus tout, n'adorez pas les idoles,
« car votre Seigneur est jaloux. Il élève sa face
« contre ceux qui l'abandonnent jusqu'à ce qu'il ait
« effacé leur vie de dessus la Terre et fait périr
« leur souvenir dans l'Éternité. Heureux au con-
« traire ceux qui écoutent la Parole de Dieu, qui
« la gardent, qui l'exécutent. Éloignez-vous de la
« route de ceux qui font le Mal, afin que vous, les

« Enfants de Dieu, vous ne soyez pas frappés du
« bâton qui frappera les autres, comme dit le Roi
« David, l'aïeul de notre Roi. Car Dieu ne laissera
« pas tomber le bâton qui corrige le Pécheur sur
« le dos du Juste. Mais, s'il voit que celui qui garde
« sa Parole instruit son ami de la Vérité, il don-
« nera à chacun de ces deux-là deux mesures de
« sa grâce pour une, et ainsi ils en auront quatre
« au lieu de deux. Sachez, enfin, que vous serez
« heureux, si vous prêtez votre argent sans inté-
« rêt, sous la forme de l'aide et non de l'emprunt. »
Pour vous, notre Souveraine, nous voyons, une
fois de plus. que votre Sagesse est bienfaisante. Il
n'y a personne qui soit comme vous : votre gloire
n'est pas celle d'une femme, mais le discernement
de votre cœur dépasse la pensée des hommes.
Nul n'atteint la profondeur de votre Science, sinon
notre Seigneur, le Roi Salomon. Et même votre
intelligence dépasse la sienne, puisque vous avez
su attirer ici les Fils des Forts d'Israël et l'Arche
de Dieu. Éclairée par la lumière de votre intelligence, vous avez détruit chez vous la Maison des
Idoles, vous avez effacé leurs figures ; ¡vous avez
purifié votre peuple de toutes souillures. Votre
nom avait été préparé par Dieu. Ne vous nommait-
on pas « Makeda », ce qui signifie : « Pas ainsi ! »
Vous regarderez vos peuples pour découvrir ce
qu'ils feront contre le désir de Dieu, et vous leur
direz : « Pas ainsi ! Voici la Voie Droite dans la-

« quelle vous devez marcher. Ce n'est pas ainsi
« que l'on s'introduit devant le soleil ! L'adora-
« tion n'appartient qu'à Dieu ! Ce n'est pas ainsi
« que l'on interroge les magies ! Il faut espérer
« en Dieu, c'est le Bien. Ce n'est pas ainsi que
« l'on sert les idoles, mais il faut chercher appui
« sur le sein du Dieu d'Israël. Ce n'est pas ainsi
« que l'on sacrifie aux pierres et aux arbres ! Le
« sacrifice est dû à Dieu seul. » Vous direz encore : « Ne mettez pas votre confiance dans
« les signes des oiseaux, mais ayez foi dans votre
« Créateur et dans lui seul. » Or, à présent, vous
avez fait, vous, le choix de la Sagesse. Elle est
votre mère. Vous l'avez cherchée et elle est devenue votre trésor. Vous vous êtes appuyée sur elle
et elle est devenue votre forteresse. Vous l'avez
désirée et elle vous a élevée au-dessus des autres.
Vous l'avez aimée d'amour et elle vous a embras-
sée. Vous étiez dans la mélancolie, elle vous a
exaltée de joie pour l'éternité. Et tout cela a été
fait de la part de Dieu, car l'Intelligence, la Sagesse et la Science sont Dieu lui-même. Le début
de cette Sagesse est la crainte de Dieu ; les Bons
Conseils, l'Aumône et le Pardon sont son couron-
nement pour l'Éternité. O notre Maîtresse, voilà
tous les dons que vous avez reçus de la part du
Dieu d'Israël, du Saint des Saints, de Celui qui
sonde les cœurs et qui fait de la lumière dans
l'âme des hommes. Tout est par sa volonté. C'est

[225]

15

lui qui a voulu que Sion vînt dans le Pays de l'Éthiopie, qu'elle fût le guide de David, notre Roi, qui aime Dieu, qui soutiendra la Tente de Dieu, qui veut être l'intendant de sa Demeure glorieuse.

Après cela, Azaryas dit :

— Préparez les pompes d'honneur et allons vers Sion. Là, nous renouvellerons le sacre de mon Seigneur David.

Il apporta l'huile de la Royauté. Il en remplit la corne, et, étant entré dans Sion, il oignit le Fils du Sage avec le parfum de l'huile odorante qui confère la Royauté.

Aussitôt les cornes résonnèrent; avec elles, les tambours, les harpes, les luths, tous les instruments de joie. Et tous les gens d'Éthiopie se livraient au plaisir, les hommes comme les enfants, aux parades de chevaux, aux jeux des boucliers et des lances.

Azaryas avait choisi six mille vierges au visage noir pour que, selon la Loi, elles fussent les Filles de Sion. Elles accompagnèrent le Roi quand il monta sur son Trône, selon le rite, afin de tenir dans la Maison royale le repas du matin et le banquet du soir.

Ainsi fut renouvelé le sacre de David, fils de Salomon, Roi d'Israël, dans le pays de la Reine Makeda, sous la Tente de l'Arche qui avait donné leur Loi aux Rois d'Éthiopie.

Et quand tout eut été consommé, selon les rites, dont on avait vu l'exemple à Jérusalem dans la Maison de Sion, on donna la Loi aux Élus du Royaume.

On la donna à ceux qui vivent dans l'entourage du Roi, à ceux qui gouvernent à l'extérieur. On la donna aux peuples qui sont dans les îles, à toutes les provinces, aux dépendances des provinces, à leurs habitants, aux étrangers des frontières. Ainsi tout fut réglé (1).

(1) Voir à la fin du volume Note A.

CHAPITRE X

UNE VEILLÉE

I

Un post-scriptum naïf reparaît plus d'une fois à
la dernière page des manuscrits que nous a
légués la patience monacale.

Avant de poser le roseau chargé d'encre, que
— pendant des jours qui furent des années, — sa
main conduisit d'une marge à l'autre, l'humble
clerc se recueille. Il s'avise qu'à travers ses fiertés
de calligraphe, comme à travers les sécheresses,
où, seule la vertu du vœu soutint sa persévérance,
beaucoup de sa vie s'est écoulée. La vanité de
ses mérites, l'inutilité de sa réclusion, lui apparaissent dans une lueur. Il juge qu'en attendant
les célestes extases, il a mérité de prendre, pour

un jour, sa part des joies de ce monde. Il sourit
à l'ivresse du vin qui ouvre au buveur une façon
de paradis. Au-dessous de son nom sans gloire
...« Un tel a copié ce livre »... sa main trace quelques caractères qui tremblent. C'est une confi-
dence dont on ne saurait dire si elle est un témoignage de contrition ou une fanfare d'affranchis-
sement :

« *Postquam fecit multum bibit.* » (Quand il a
eu fini, il s'est grisé.)

Lorsque, à la dernière ligne de cette traduction,
Hailé-Mariam et moi, nous nous sommes repassé
la plume afin de signer, l'un à côté de l'autre, il
nous a semblé, tout au contraire, que nous venions précisément de tarir une coupe de joie. En
chacun de nous s'est fait sentir cette mélancolie
qui se lève à la fin des belles histoires, quand soudain se produit le dénouement que, pourtant, l'on
a désiré.

Nous étions rentrés, le matin même, d'une expédition au lac Zouaï. Les fusils, les bagages, les
bateaux, les selles, les bâts de nos animaux, gi-
saient encore autour de ma maison, dans cette
confusion que connut, avant nous la Reine Makéda lorsque l'amour qu'elle portait à Salomon la
mit dans la route : « Elle rassembla un grand
« nombre d'animaux de transport, tels que mulets,
« chevaux et ânes et de plus des courroies, des sacs,
« des vases pour l'eau, des bâts, des aliments. »

Dans le cadre de ma fenêtre, Addis-Ababâ se découpait en silhouette d'enluminure. J'admirais le mouvement de ses collines chargées de maisons rondes, les clartés bleues qui montaient, de ses torrents, les panaches géants des sycomores vers le Marché, quelques cèdres dont les masses tout obscures, placées entre mon œil et l'horizon, donnaient au lointain de la profondeur.

Comme dans une vignette où toutes les lignes se combinent pour encadrer le relief d'un détail cher à l'artiste, la grêle montagne ronde qui porte le Guébi s'empara de mon regard.

C'était l'heure où, aux quatre coins du Palais, des soldats élèvent vers les points cardinaux ces trompettes longues, toutes droites, que Salomon faisait résonner sur les murs de Jérusalem. Entre la terre et le ciel elles jetèrent l'avertissement des prières du crépuscule.

Et, comme à l'ordinaire, les lions captifs que le Négus entretient derrière des grilles répondirent à la provocation des cuivres par ces halètements qui semblent des soupirs d'agonie.

II

Je revins au feu que nous avions allumé, malgré la date printanière, afin de réparer les injures que, sur la route du Zouaï, nous avait imposées la saison des petites pluies.

Et je dis à mon compagnon :

— Ces contours d'Addis-Ababâ me sont si familiers qu'après leur évanouissement dans la nuit ma pensée les ressuscite jusqu'à les colorer des alternances d'ombre et de lumière dont les baignent, en plein jour, les heures du soleil. Mais, depuis qu'au delà des apparences actuelles de cette ville, au delà des mouvements et des gestes de ses habitants, j'entrevois le secret des origines de ce peuple, il me semble que, pour la première fois, les raisons de sa survie me sont révélées. Sous les légères racines de ce grand camp d'Addis-Ababâ j'aperçois les imposantes fondations du Temple. Elles continuent d'élever, jusques aux hauteurs où Salomon les porta, les frontons de la Maison de

Dieu. Peu importe si les yeux de nos âmes distinguent seuls ces architectures : nous sentons leur présence diaphane. Leurs lignes de cristal enchâssent étroitement pour nous le fragile décor de cette ville. Elles l'enveloppent, comme la pulpe du fruit protège l'espérance de la graine.

« Pour moi, je suis entré ces jours-ci dans le Saint des Saints avec un délicieux tremblement. Sur ces marches du Tabernacle violé, où le Grand Prêtre s'évanouit, je me suis assis à vos côtés, Hailé-Mariam. J'ai senti remuer en moi des pensées très anciennes. J'ai revu ces jours de l'enfance où les récits de l'Histoire que l'on nomme « Sainte », semblent des voiles qui se lèvent sur les avenues du Ciel. De nouveau j'ai senti courir dans mes os ce frisson qui, jadis, pénétra mes moelles, lorsque, écolier de sept ans, avec les vers de Racine sur les lèvres, il me sembla que j'étais cet enfant Éliacin que des meurtriers recherchent. Combien le plafond du Temple était haut en ces jours d'innocence ! Que les lévites étaient saints ! Comme la lumière était irisée sous ces voûtes ! Que le Seigneur était tout ensemble lointain et proche ! Ma pureté qui ignorait l'amour n'apercevait pas d'autre but à la vie d'un enfant prédestiné que des génuflexions au milieu des musiques sacrées, des montées d'encens au-dessus des feux du Lustre à sept branches. Elle-même, l'Épouvante, qui, dans les ténèbres, promène la colère d'un lion rugissant, m'apportait seulement l'émotion d'un de ces songes que l'on savoure, dans la complicité d'une demi-conscience, parce qu'on sait qu'ils sont choses vaines et que le réveil en délivrera. Je vous le demande : quelle crainte du Mal extérieur pourrait abriter dans son âme celui qui habite dans la citadelle du Bien ? Ainsi je me suis souvenu que, selon la poétique expression de notre cher livre, j'ai été un « Enfant de la Maison » avant que de devenir un « Enfant du Dehors. »

« Pourquoi ces changements, cher ami ?

« Quelles mains sacrilèges ont donc emporté de la demeure où je me complaisais cette Arche d'Alliance qui était mon lien de force et de joie avec le Suprême Pouvoir ?

« Si l'amour qui laisse échapper de ses mains la clef du Tabernacle expose à de tels réveils, il est un autre amour qui, celui-là, triomphe dans ce livre que vous et moi nous venons d'épeler. Cet amour ramène avec soi toutes les espérances perdues. Pour qui cherche à la vie une issue de lumière il rouvre la porte qui s'était fermée.

« Vous qui savez l'exacte valeur des mots de cette langue sacrée dont l'hermétisme me dérobait tant de beauté, vous me dites, cher ami, que pour Makeda et pour Salomon, comme pour Socrate et pour les maîtres de la pensée grecque, « Science » et « Sagesse » furent des termes synonymes. Un seul mot désigne ces deux royautés entre lesquelles ces âmes d'élite ne purent concevoir de distinction.

« Quand cette histoire de la Reine Makeda serait un pur symbole et non une aventure véritable, ainsi que vous le croyez, ainsi que je veux le croire avec vous, elle aurait vraiment le charme, l'importance de cette étoile qui, au début de la nuit, se montre la première et promet à ceux dont les regards s'élèvent qu'ils ne marcheront pas dans de complètes ténèbres.

« Si un Salomon ne distingue pas la Science de la Sagesse, une Makeda ne distingue pas la Vérité de l'Amour. Elle surprend le Sage dans cette édification du Temple qui se construit pour abriter une religion d'hommes. Le Bien, la Justice, le respect des Commandements, la confiance dans le pacte dont l'Arche d'Alliance est le signe, habitent, Entités grandioses et sévères, cette Maison de Dieu. Une auguste terreur plane sur elle. Et sans doute, le fidèle sent ici un vide dont son cœur porte tragiquement la souffrance. Un abîme est creusé entre les sublimités du plus haut des rêves humains, la vision patriarcale de l'Elohim, et le culte matériel, presque égyptiaque de cette Table de la Loi, dont le poids de pierre pèse lourdement au cou du dévot. Dans ce vide du Temple et de l'âme Makeda entre avec l'amour. La vérité lui est encore cachée, mais, de naissance, elle possède l'humilité de l'esprit et du cœur. A ceux que la fierté de leur puissance, l'élévation de leur pensée font

monter jusqu'à l'orgueil, elle rapporte la simpli-
cité perdue ; sous le voile de l'erreur, en sa virginité pure, elle reflète la foi des aïeux. D'avance elle
accepte cette posture de modestie dans laquelle,
au pied d'un Calvaire, une Madeleine se dresse,
en pleurs et les yeux levés. Elle consent que le
Crucifié n'abaisse point son regard vers elle, mais
qu'il tourne sa face vers le ciel, qu'il y cherche
le Dieu Vivant, le Père dont il se croit descendu.
D'avance elle sourit à cette formule par laquelle
le moyen âge réglera pour la foi et pour l'amour
le rôle des deux moitiés de l'Humanité : la Femme
doit aimer l'Homme et l'Homme doit aimer Dieu.

« Désignez ce Dieu, mon cher Hailé-Mariam,
par tous les vocables qu'il vous plaira. Appelez-le :
Justice, Vérité, Bonté, Éternel Progrès. Vous
nommerez cette Puissance d'Amour dont Makeda
dit à la fin de son « *Magnificat* » :

« Seigneur, Saint des Saints, donne-moi la
« Science ! Donne-la-moi comme une chaussure qui
« me protège contre les pierres, comme une aile
« qui me fasse voler. Donne-la-moi pour que je sois
« rassasiée à sa table, pour que j'habite dans sa
« paix. Je me suis fatiguée à la suivre et je ne
« suis pas tombée. Je suis tombée pour l'amour
« d'elle et je ne me suis pas perdue. »

III

Les détails de cette veillée d'avril sont restés si présents à ma mémoire qu'à travers les réponses de Hailé-Mariam je vois encore ses gestes, j'entends les intonations de sa voix, tout, jusqu'aux crépitements, dans le feu, de nos bûches de cèdre.

Nous discutâmes, je m'en souviens, l'opinion qui veut que les visites à Jérusalem de Makeda et de son fils soient un chapitre du *Kébra Nagast* rédigé d'après des traditions orales par un moine byzantin (1).

— A supposer, dis-je à mon compagnon, que ce poème en prose ait, en effet, été composé à Byzance par un artiste formé à l'étude des chefs-d'œuvre de la Grèce, par un érudit tout pénétré de culture biblique, ce religieux fut sans doute un Éthiopien d'origine. Reportez-vous, je vous en prie, aux innombrables passages dans lesquels,

(1) Voir à la fin du volume note B.

[237]

les Éthiopiens mis en scène dépeignent les beautés naturelles du pays où ils sont nés. « Notre « terre, » disent-ils aux envoyés de Salomon, « est « meilleure que la vôtre, car nous jouissons d'un « bon vent, sans chaleur ni sécheresse. Nous possédons « sédons des fleuves délicieux, et du sommet de « nos montagnes coulent l'eau et le lait. Nous « chassons les bêtes féroces, les buffles, les « grands animaux qui possèdent la force et la vitesse « tesse, les antilopes et les oiseaux. Dieu nous « gratifie chaque année d'un hiver régulier. En « été nous battons le blé comme on fait en Égypte. « Nos arbres rapportent de bons fruits. Nous « produisons le froment et l'orge en abondance. « Nos troupeaux sont en grand nombre. Tout « chez nous vient à miracle. » Ceci, mon cher ami, n'est pas un développement littéraire. Ne trouvez vous point là, peints comme en un tableau complet, toutes les beautés, toutes les richesses, tous les plaisirs dont jouissent aujourd'hui comme au temps de Makeda, les amis de l'Éthiopie perpétuelle ? Nous ne sommes pas seulement ici devant un couplet d'amour, mais devant un bulletin zoologique, climatique, agricole, cynégétique, économique, si complet, qu'un géographe pourrait tel quel l'insérer dans un manuel.

Je me rappelle encore que j'interrogeai Hailé-Mariam sur les raisons qui semblent avoir détourné Israël d'accepter avec faveur l'idée qu'une

Reine Éthiopienne serait vraiment descendue de ses montagnes, pour se rendre à Jérusalem et qu'après elle, son fils serait venu chercher la bénédiction de Salomon.

— Il y a quelques années, me répondit le Tigréen, j'ai visité Jérusalem. Je m'efforçais de découvrir la trace d'une concession que l'Église éthiopienne a autrefois possédée dans ce lieu sacré et dont les Coptes nous ont expropriés. Je fis en cette ville la connaissance d'un hébraïsant ; c'était un homme très érudit. Il était à Jérusalem le représentant de l'Alliance Israélite Universelle. Ensemble nous avions passé des journées heureuses à comparer des textes, à causer de nos origines communes. Naturellement nous en vînmes à parler de Makeda, à nous demander si l'on avait le droit de saluer en elle la Reine de Saba. Je priai cet Israélite si estimable de me confier pourquoi les siens s'obstinaient à ne pas reconnaître dans cette visiteuse du Sage une Reine Éthiopienne. Je l'adjurai de me dire s'il croyait lui-même qu'un fils de Salomon et de la Reine Makeda, aidé des premiers-nés d'Israël, eût réussi à porter de l'autre côté de la Mer Rouge les Tables de la Loi.

Bien que nous fussions plongés dans une obscurité qu'éclairaient seules les flammes de notre feu, Hailé-Mariam hésita en ce point de son récit. Il reprit d'une voix presque basse :

— Après bien des réticences, mon interlocuteur

me répondit qu'il croyait en effet que les Tables de la Loi avaient étaient volées par le fils de Salomon. Il espérait qu'elles existaient encore. « En ce cas, » dit-il, « il est bien probable qu'un jour on les re-« trouvera, comme c'est la tradition éthiopienne, « dans votre ville sainte d'Axoum. Mais ce rapt « a été pour Israël la cause des plus grands mal-« heurs. Nous y voyons l'origine et le motif de « notre dispersion. Comment, dans ces conditions, « ouvrir sur un tel sujet, une discussion historique « entre nos rabbins et vos moines ? Il faut attendre « l'heure de la justice — si elle doit venir, et « la volonté de Dieu — s'il a dessein de la mani-fester. » Ce savant homme me dit encore qu'Israël avait eu l'intérêt le plus vif à cacher une perte qui lui enlevait sa confiance en lui-même et le li-vrait à ses ennemis. Il ne faudrait pas chercher ailleurs les raisons pour lesquelles Israël a systé-matiquement travaillé à jeter de l'ombre et du dis-crédit sur la visite que Makeda fit à Jérusalem. « Nous l'avons, conclut mon contradicteur, dis-« qualifiée par le ridicule et par l'ironie. Nous en « avons fait tantôt une magicienne, tantôt une « courtisane. Nous lui avons donné des pieds d'oie « et des sabots de chèvre. Ne savez-vous pas que « le ridicule et l'ironie sont les seules armes qui « restent aux mains après que les autres sont « émoussées ? »

CHAPITRE XI

LE DEUIL DES LIONS

I

L'INTÉRÊT que je goûtais dans ces récits était si vif que, sans y prendre garde, je laissais s'écouler la nuit. Vers deux heures du matin une brusque rumeur, qui s'élevait, descendait, semblait le souffle rythmé de quelque bête apocalyptique, nous rappela, Hailé-Mariam et moi, à la notion de la vie extérieure.

D'abord nous crûmes à l'un de ces nocturnes orages qui sont si fréquents en ces régions, surtout aux approches de mai. Mais on ne pouvait s'y tromper longtemps. Déjà mes serviteurs et mes soldats, arrachés eux aussi à leur repos, par cette clameur formidable, frappaient à la porte de notre maison. Ils venaient aux ordres.

Je sortis avec eux dans les ténèbres.

L'immense lamentation descendait de cette colline impériale qui porte la palissade du Négus et ses demeures.

Et presque aussitôt une voix dit :

— Écoutez ! Écoutez ! Les lions maintenant !

En effet, comme s'ils formaient une basse à ce chœur de gémissements, tous à la fois, les lions que l'Empereur élève au fond de ses cours, commencèrent de rugir. L'écho des vallées, des torrents, recueillait le grondement formidable de leur colère. Il le répercutait en cercle autour de nous. On eût dit que des réserves sauvages du Marocco, de l'Akaki, des lointains Pays Carayous d'autres fauves répondaient aux prisonniers du Palais.

Notre première pensée fut que quelques-uns de ces lions s'étaient en effet échappés de leurs geôles. Sans doute, ils parcouraient la ville en y semant la terreur. Déjà j'envoyais seller des chevaux afin de prendre notre part du rabat.

Le chef de mes soldats secoua la tête :

— Non, dit-il, les lions ne se sont pas échappés. Ils pleurent parce qu'on pleure. Là-haut il y a un mort.

II

J'étais impatient de courir au Guébi pour savoir
s'il n'était point arrivé malheur à Ménélik lui-
même. Mais l'étiquette ne permettait pas que je
vinsse ainsi, de nuit, me mêler à la foule du peuple
et des soldats qui, sans doute, refluaient vers le
Palais.

Je priai donc Hailé-Mariam de monter sur sa
mule. Je l'enveloppai d'une escorte, et je l'envoyai
aux renseignements.

A l'aurore, quand il me revint, je connaissais
déjà par la rumeur publique la mort de la petite
Princesse Pluie-d'Or, la tendre fille de Choaregga.

La nouvelle venait d'en être apportée au Guébi
par un envoyé du ras Bézabé, le mari de l'enfant
royale, le fils du défunt roi de Godjam, Tacklé
Haimanot.

III

Trois jours et trois nuits, dans le soleil et dans les ténèbres, ce porteur de la mélancolique nouvelle avait galopé.

Il avait atteint Addis-Ababâ la veille, à la chute du jour.

Aussitôt on avait averti en secret ceux qui ont mission de faire tonner les canons, afin qu'ils se tinssent prêts à remplir leur ministère, dès que Ménélik serait informé. On avait avisé le dignitaire qui bat le « Négarité », c'est-à-dire le Tambour de l'Empire. On avait prévenu les pleureurs et les pleureuses, tous ceux que l'on savait disposés à communier avec l'Aïeul de Pluie-d'Or dans l'amertume de sa douleur.

Quand tout avait été préparé, vers deux heures du matin, le Dedjas Abata était venu frapper à la porte de la chambre, où, dans la confiance en Dieu et l'estime de ses peuples, dormait le Roi des Rois.

— Aussitôt, me rapporta Hailé-Mariam, l'Empereur s'est levé. Il a fait ses ablutions à la hâte. Il a passé ses vêtements impériaux, puis, il a ordonné au page de garde :

— Ouvre la porte !

Il a vu ceux qui étaient prosternés là à la clarté des flambeaux. Alors il a dit d'une voix pressante :

— Qu'est-ce qu'il y a ? Dites ce qu'il y a ? Vite ! Pourquoi vous humiliez-vous ainsi ? Parlez ! Que craignez vous ?... Je suis un homme qui est né pour mourir.

En même temps il avait nommé Abata. Alors le Dedjas a pris son courage et il a annoncé la nouvelle.

Aussitôt l'Empereur a porté la main à ses yeux, puis il a demandé :

— Quand est-ce ? C'est hier qu'ils l'avaient prise chez moi !... Et ils l'ont laissée perdre... Si vite !

Ses larmes coulaient. Il a ordonné :

— Apportez-moi d'autres vêtements ?

Et il a arraché avec fureur ceux dont il était couvert.

IV

HAILÉ-Mariam retourna au Palais dans la journée pour s'informer encore.

A la nuit tombée il me rapporta ces détails mélancoliques.

Pluie-d'Or était morte parce qu'elle avait eu la tête touchée par un rayon de soleil. On parlait d'un parasol qui était venu trop tard mettre son ombre sur le jeune visage. Mais le peuple disait à demi-voix que cet accident n'avait été que l'occasion de la mort ; c'était bien son chagrin sans consolation qui avait envoyé cette enfant sous la terre.

Un instant, on avait espéré qu'elle se plairait dans sa nouvelle demeure : en effet le Guébi de Debra-Markos est presque aussi imposant que le Guébi d'Addis-Ababâ. Dans la maison de son mari, Pluie-d'Or, entourée d'hommages, pouvait penser qu'elle était devenue une petite Négoussa.

Elle remerciait de tout avec beaucoup de dou-

ceur, mais, secrètement, elle regrettait le temps
où, chaque matin, elle allait embrasser l'Empereur et l'Impératrice avant de passer par l'église
de Saint-Gabriel pour dire sa prière.

A l'approche de la fête de Pâques, sa mélancolie s'était faite plus profonde. Peut-être elle pensait aux belles fêtes d'Addis-Ababâ, à ces chants
que l'on entend de l'appartement des femmes
dans la matinée du samedi saint.

On disait que le mal l'avait terrassée comme
elle sortait de l'église. Tout de suite on avait dû
l'apporter sur son lit. Déjà son esprit était loin.

Elle se croyait retournée chez ses Grands-Pa-
rents. Elle parlait à des êtres que l'on ne voyait
pas. L'eau bénite qu'on lui avait fait boire ne
l'avait point soulagée. Ses yeux étaient depuis
longtemps fermés aux choses de ce monde quand
ceux qui la veillaient s'étaient aperçus que le
souffle avait fini de soulever la frêle ondulation
de ses voiles.

V

Les convenances ne permettaient pas que je me misse tout de suite en route pour porter ma condoléance au Négus. L'étiquette exigeait même que l'on attendît au moins la fin de trois journées pour la manifester. Trois journées pendant lesquelles, selon l'usage ancien, et, pour cette fois au moins, selon le sincère sentiment des cœurs, le Palais pleura sur la Princesse évanouie.

Le quatrième jour, j'envoyai à l'Empereur ma lettre de deuil.

Le surlendemain, un page me rapporta la réponse.

La grande enveloppe était, comme les nôtres, encadrée de deuil. A l'intérieur, il y avait une lettre.

Ménélik l'avait dictée lui-même.

Elle disait :

« Pour être présenté à M. Hugues Le Roux.

« Le Lion Vainqueur de Juda, Ménélik II, Élu du

« Seigneur, Roi des Rois d'Éthiopie, à M. Hugues
« Le Roux.

« Salut soit à toi !

« La lettre de deuil que tu m'as écrite pour la
« mort de ma petite m'est arrivée. Je sais que
« pour les créatures la Mort est la loi.

« Que peut-on faire ?

« Pour toi, je te glorifie parce que tu as pris
« ma douleur comme la tienne. »

« Écrit dans la ville d'Addis-Ababâ, l'an de
grâce 1896, avril 17 (1) ».

(1) 25 avril 1904, nouveau style.

VI

Un Roi des Rois ne peut accorder qu'un temps très court à une douleur d'aïeul. Le respect de son peuple lui reprend ici d'une main ce que de l'autre il donne.

L'approche des fêtes de Pâques, le cortège de réjouissances qu'elles traînent après elles, l'obligation pieuse que leur retour impose au souverain d'Éthiopie comme à ses sujets de considérer toutes choses humaines et divines à la seule clarté de la Résurrection, contraignaient Ménélik de diminuer encore le nombre des heures pendant lesquelles la tyrannie d'une étiquette byzantine lui aurait permis de se souvenir.

Le troisième jour après cette aube où la triste nouvelle nous avait été apportée, le Négus disparut d'Addis-Ababâ. Il quitta le Palais de nuit. Il partit, si rigoureusement enveloppé dans sa pèlerine noire, si modestement escorté, que les gar-

[250]

diens mêmes de la poterne ignorèrent qui avait passé devant eux.

On nous dit par la suite que le grand-père étouffait dans cette enceinte sévère, où, pour lui, la petite ombre de Pluie d'Or errait encore avec les sourires d'autrefois.

VII

Sur la fin de la deuxième semaine après ce départ brusque, un officieux du Palais vint m'avertir que, d'urgence, l'Empereur me mandait à Holota.

Au cours de mes deux séjours en Éthiopie, j'avais vu Ménélik dans les réceptions où les règles du cérémonial byzantin alliaient tant de grandeur à sa cordialité. J'avais eu des occasions nombreuses d'échanger avec lui des réflexions sur la politique extérieure, sur les nouvelles du jour. Plus d'une fois, j'avais travaillé avec lui en tête à tête. Je n'avais pas encore été favorisé d'une audience d'un caractère — dirai-je aussi éthiopien ? — que la réception amicale qui m'attendait à Holota.

Dans cette retraite dont l'accès était momentanément fermé aux ministres étrangers, aux fonctionnaires de la couronne, aux marchands, aux quémandeurs, l'Empereur avait retenu autour de soi les Ras, gouverneurs des provinces les plus

voisines, qui, à l'occasion de son deuil, étaient
venus lui apporter des condoléances. Selon l'usage,
ces favoris, ces anciens compagnons d'armes
s'ingéniaient à dégager leur Souverain des om-
bres de sa douleur. Et c'étaient de soldatesques
récits dont l'Empereur tirait la conclusion par
des traits de malice. Dans un affectueux respect, sans courtisanerie, le ton était cette gaieté
de l'ancienne Cour dont parlent ceux qui entourèrent Ménélik au début de son règne, avant que
la diplomatie européenne eût mis cette simple
bonhomie sur ses gardes.

Je m'arrêtai un instant sur la porte. Comme j'aurais désiré conserver en sa fraîcheur, sur l'écran
du souvenir, l'impression de cette vision d'histoire !

L'immobilité qui, à l'entrée d'un étranger, avait,
une seconde, figé les invités de cette réunion intime, finissait de donner à leur groupe, chamarré
d'or et de pierreries, l'apparence d'un iconostase.
Même importance des têtes brunes, trop rappro-
chées ; même éclat des bandeaux blancs qui cei-
gnaient les fronts ; même hiératique rigidité ; même
intensité de tous ces longs et larges yeux qui me
fixaient.

Au centre de cette assemblée, déployée en demi-
lune, Ménélik, figure principale, souriait sur son
divan. La main qu'il me voulait tendre s'élevait
au-dessus des plis de sa pèlerine.

Du premier coup d'œil j'avais distingué dans ce

fourmillement de visages deux figures particulièrement amies : à la droite de l'Empereur, le ras
Makonnen, tous les jours plus émacié, plus irréel,
plus rapproché de la Mort; à gauche, débordant
de virilité superbe, de force géante, le ras Damassié, cet indomptable fils de l'Afanégus, dont,
autrefois, j'avais été l'hôte, dans ma route vers le
Ouallaga.

L'un comme l'autre, pour me connaître ils atten-
daient que l'Empereur eût prononcé le mot qui
finirait l'attente.

VIII

Dᴀɴs l'art de créer une atmosphère de courtoisie entre ses hôtes d'un jour et son entourage habituel, Ménélik développait des nuances qu'une mondaine aurait enviées.

Il dit avec une impatience affectueuse :

— Eh bien, ta traduction ?... Tu l'as terminée ?

Et, se tournant vers les Grands du Royaume, vers les Officiers qui l'entouraient, il expliqua avec chaleur que, sur le manuscrit autrefois dérobé à Théodoros par les Anglais, je venais de traduire, en français, l'histoire de Salomon, de Makéda et de leur fils Baina-Lekhem.

Une gravité attentive accueillit l'approbation que le Souverain accordait à cet effort.

Et Damassié demanda :

— Cette traduction, à qui la fera-t-on lire ?

J'exposai que le livre multiplié par l'artifice de l'imprimerie serait lu non seulement par des hommes de haute culture, mais par des jeunes gens, des femmes, voire des enfants; qu'ainsi ceux de mon pays apprendraient à mieux connaître l'Éthiopie et sa gloire.

Il n'existait alors à Addis-Ababâ aucune imprimerie, officielle ou privée. Les ouvrages d'instruction que l'on confiait aux enfants étaient tous manuscrits. Pour la propagation des documents les plus urgents il fallait recourir aux lenteurs des copistes.

L'Empereur approuva de la tête, puis il dit avec décision :

— Ce n'est pas seulement en français, mais dans la langue que nous parlons nous-mêmes, en amarigna, que je voudrais voir cette histoire traduite, imprimée. Parlons franc! Moi, le premier, je ne connais ce récit que par ouï-dire. Je ne l'ai pas lu dans le texte gheez. Le temps m'a manqué pour faire ces études à coté de mes besognes de soldat. Et vous autres?... Combien êtes-vous qui avez épelé dans les vieux livres autre chose que vos prières?... Est-ce toi, Damassié?... Toi, Mikaël?... Toi, Oualdé Guiorguis?

Du bout de son bras étendu il désignait des assistants. Il les nommait avec une gaîté franche. On ne le sentait pas mécontent de constater que les hommes de sa génération avaient eu seulement le temps de se battre. Alors on ne faisait pas difficulté de confesser son ignorance. On baissait la tête avec une feinte confusion.

Seul entre tous, le ras Makonnen aurait pu avouer plus de culture; mais il était trop politique, ou trop sincèrement humble, pour se parer d'une supériorité qui manquait à son Souverain.

Le Négus avait ordonné qu'on apportât des vins de France. Ils alternaient avec le tedj, les eaux-de-vie de miel, dans les coupes qui circulaient. Les langues en étaient déliées.

Soudain Ménélik m'interpella.

— J'écrirai, dit-il, à M. le Président de la République pour lui faire savoir combien le travail que tu viens d'accomplir me donne de satisfaction. Grâce à ton effort, ceux qui prendront la peine de lire ce livre comprendront que nous n'avons pas lutté pendant tant de jours pour accepter d'être finalement exclus du partage de la Vérité. Ils admettront que l'Ethiopie a été fondée pour durer, avec la permission de Dieu, jusqu'à la consommation des temps. Ceci seulement est vrai: comme les Musulmans nous ont, pendant des siècles, séparés du reste du monde, nous sommes demeurés en arrière de vous. Nous avons besoin que l'on nous prenne par la main pour nous aider à rattraper ceux qui nous ont devancés à l'étape. J'ai toujours cru que la France jouerait ce rôle auprès de l'Ethiopie et qu'ainsi elle répondrait à notre amitié. Amen (1). Pour toi, renonce

(1) Voir à la fin du volume note C.

aujourd'hui au désir que tu m'as exprimé de recevoir mon congé, et de reprendre le chemin de ton Pays. Je veux auparavant que tu assistes aux cérémonies de notre Fête de Pâques. Et puis je t'invite à ce déplacement que je vais faire, avec les Miens, quand les cierges des églises seront éteints. Je me rends au-devant de cette locomotive que nos gens m'apportent. Ensuite tu seras libre (1).

(1) Cette gratitude du Négus prit la forme d'une lettre M. le Président Loubet. Elle disait :
« Puisse cette lettre atteindre Notre Illustre Ami, Mon « sieur Loubet, Président de la République Française.
« La Paix soit avec vous.
« J'ai reçu la lettre que vous m'avez envoyée par les mains « de M. Hugues Le Roux et j'ai éprouvé de la joie à con-« stater que nous étions animés de sentiments d'amitié réci-« proque. M. Hugues Le Roux fait tout ce qu'il peut pour « nous faire mieux connaître les lois de Votre Pays, et pour « faire connaître Notre Pays au Peuple Français et ainsi « pour resserrer les liens d'amitié qui depuis longtemps « existent entre nos deux Gouvernements et nos deux Na-« tions. Pour cette raison sa visite m'a été très agréable.
« Nous prions Dieu qu'il vous accorde longue vie et santé « et qu'il donne paix et prospérité à Votre Peuple.
« Écrit de Zannab le IIe du jour de Sani, l'An de Grâce 1896 « (18 juin 1904). »

IX

Comme je sortais de cette audience, en compagnie de Hailé-Mariam, et que, déjà, nous faisions approcher nos montures, une main se posa sur mon épaule.

Je me trouvai en face d'un des dignitaires dont, dans la foule des officiers qui se pressaient autour du Négus, j'avais remarqué le front bas, la figure têtue.

Hailé-Mariam me souffla que j'avais devant moi l'ultime descendant de Léonandos, fils d'Akiré, qui, en qualité de Chef des Tambours et de toutes les Musiques, vint jadis de Palestine dans la suite de Baina-Lekhem (1).

— Ce seigneur, me dit hâtivement mon compagnon, n'a personnellement pas grand crédit, mais, de ses aïeux, il tient des privilèges qui durent encore. En de certaines dates, fixées par le rituel, il a le droit de se présenter aux portes du Guébi.

(1) Voir plus haut, p. 172.

Il se les fait ouvrir d'autorité. De même, les jours de banquet, il lave ses mains dans le vase d'argent où le Négus lui-même purifie ses doigts.

En entendant évoquer le souvenir des Chefs de sa lignée, l'auguste personnage se rengorgea. Il se fit décliner mon nom. Il essaya de le répéter, sans succès, puis il dit d'un ton engageant :

— J'ai appris avec plaisir que vous vous étiez adonné à la science des vieux livres. J'en possède un… J'y tiens beaucoup… Il me vient des pères de mon père .. Malheureusement, il a été abandonné aux rats… Ils l'ont sérieusement entamé. Sa couverture est à moitié détruite… Je vous aurais de l'obligation si vous le remettiez en état.

J'ouvrais de grands yeux ; mais, avec une véhémence contenue, Hailé-Mariam remit ma surprise au point :

— Voilà, me dit-il, un héritier de nos grands noms ! Un descendant direct des Douze Tribus ! Celui-ci vous confond avec un pauvre scribe éthiopien, qui, à la mode de notre pays, fabrique son encre, tanne son vélin, relie lui-même ses feuillets, avant que de s'asseoir pour calligraphier, sans pensée, les manuscrits qu'on lui donne à répéter. Le descendant de Léonandos ne distingue pas un lettré d'un tel copiste ! Il n'a pas compris un mot des paroles par lesquelles Sa Majesté vous a présenté à son entourage ! Excusez-le !

Hailé-Mariam avait bonne envie d'ajouter :

— ... Et plaignez-moi !

Mais l'amour qu'il avait de son pays domina sa mortification.

— L'Empereur, dit-il, a raison d'affirmer que de telles ignorances disparaîtront avec la génération qui s'écoule. Comme vous, nous sommes les héritiers de la tradition d'Israël, des Actes des Apôtres, de la civilisation des Byzantins ; mais vous, vous avez eu votre part des dernières conquêtes de la Science, dont nous sommes encore privés. Cet exil touche à son terme ! Qui pourrait prévoir l'importance que la pensée éthiopienne prendra dans la pensée du Monde lorsque l'on nous aura mis, à nous aussi, le livre imprimé entre nos mains ?

X

L'erreur du fils d'Akiré m'avait donné à rire. La riposte d'Hailé-Mariam ne me parut pas plaisante.

En dehors de la faculté d'observer que la science moderne a précisée, nous autres, Français, nous avons hérité de nos aïeux un don qui apparaît comme le joyau même de l'esprit humain. Et c'est sans doute le goût de nous élever des faits particuliers à l'altitude des Idées générales.

La Science établit solidement les fondations sur lesquelles on peut bâtir. Elle vérifie avec une probité exacte les matériaux qui nous servent à édifier. Ce n'est pas elle qui a ouvert nos yeux sur ce Royaume de l'Invisible où Formes et Vérités préexistent aux substances et aux faits dont on pourra les nourrir. Ici le moyen âge, héritier de Byzance et de ses subtiles controverses, joue son rôle d'éducateur. Ici nous touchons les cendres fécondes de ceux qui, dans le champ clos d'une Sorbonne, com-

[262]

battirent et succombèrent pour le triomphe des Nominaux ou des Universaux.

De la même façon que la fière attitude de la chevalerie ennoblit au travers des âges notre idéal français de l'honneur, les spéculations d'un Abélard, de ses adversaires, ont fécondé pour nos cerveaux français le champ de la Science. Ce sont eux qui au-dessus de ses cultures positives ont déployé le firmament des Idées générales.

A la même école de logique et de scolastique les Éthiopiens ont formé leur esprit, et, à travers les âges, entretenu la souplesse de leur pensée.

Que de fois, après une rude étape, j'ai vu mes soldats, assis autour des feux de camp, raisonner à perte de vue sur le protocole du Paradis ! Ils s'inquiétaient de la place qu'occuperont, au Jour du Jugement, les diverses hiérarchies sacrées. Ils avaient le pressentiment que ces préoccupations relevées n'entretenaient pas seulement chez eux le sens de la politesse, mais que, à travers le temps et l'espace, elles leur gardaient une porte ouverte sur les raffinements de la civilisation.

De même, n'avaient-ils pas de divertissement plus cher que la représentation des formes de justice et cet effort que fait le cerveau pour accorder l'Équité avec les exigences du Droit.

Lorsque les fatigues trop accumulées de la route m'obligeaient de donner aux hommes et aux bêtes une journée de repos, aussitôt les soldats s'assemblaient en aréopage. Ils inventaient une matière de litige, recouvrement de créance, contestation d'héritage, de bail, de vente, d'achat. Les uns tenaient l'emploi de juges, d'autres ceux d'avocats, de plaignants, de défenseurs, de témoins, du public.

Ainsi groupés, de la chute du jour aux heures les plus avancées de la nuit, ils *jouaient au procès*.

Ils plaidaient, ils argumentaient, ils rendaient des sentences, ils interjetaient appel. La totale fiction ne diminuait pas d'une ligne la chaleur de leurs passions.

Que poursuivaient-ils dans cette grande dépense d'énergie, de persuasion, d'espoir, de colère et d'éloquence ?

Ils avaient la sensation réconfortante d'accomplir un exercice noble entre tous, le seul qui restât à leur portée. En l'absence de la sérieuse pâture de science, que, depuis des siècles, on ne leur fournit plus, ils trompaient avec une vaine dialectique l'appétit en éveil de leurs cerveaux.

Telles sont les raisons pour lesquelles les espérances d'un Hailé-Mariam ne me semblent point chimériques.

Le jour où ces jeunes Éthiopiens descendront de leur Haut-Plateau pour venir chercher chez nous les bienfaits de la culture et de la haute culture, ils n'auront point à construire un pont sur l'infranchissable abîme ; il leur suffira de « renouer ».

Sur sa montagne africaine la fille de Makeda m'apparaît seulement endormie. Tous les services de sa cour byzantine sont assoupis autour d'elle. Le maléfice du désert, la malédiction de l'Islam, son mauvais Génie, l'enveloppent, depuis des siècles, avec du silence et de l'oubli. Cependant sa poitrine se fait plus haletante, son rêve devient plus conscient. Encore ensommeillée, elle entend les pas légers du Progrès qui monte vers elle avec la figure d'un Prince Charmant.

CHAPITRE XII

LE JONC DE LA MISÉRICORDE

I

Le jour où le chemin de fer dont les rails s'arrêtent encore sur la route du Haut-Plateau atteindra la capitale de l'Éthiopie, ces fêtes de Pâques auxquelles l'Empereur venait de me convier, attireront sans doute à Addis-Ababâ les grands ennuyés du Monde, cette élite de dilettantes qui, sans fin, promènent autour du globe terrestre leur curiosité rassasiée.

Et vraiment, pour nous autres, gens de culture méditerranéenne, ces pompes éthiopiennes ont une grandeur que les galas de l'Inde n'éclipsent pas. A une profusion des richesses qui rappelle les folies de la jungle, cette Pâques de Ménélik oppose les harmonies de l'ordre que la Grèce légua à Byzance, et cette émotion de religiosité un peu menaçante que le Temple impose partout où il survit.

L'on touche ici la mystérieuse soudure par laquelle le Judaïsme et le Christianisme naissants s'unirent sous les portiques d'Alexandrie. La fusion des deux Testaments apparaît encore avec les scories, les accidents de reflets que lui imposa le feu. C'est une Byzance pâlissante qui, à mille ans de distance, refleurit sur une montagne africaine. Mais c'est aussi Jérusalem, qui, encore vivace, peuple de ses revenants les Demeures de Jésus.

II

LA Semaine Sainte s'appelle en Éthiopie la « Semaine de la Souffrance ». Tant qu'elle dure
les églises ne désemplissent pas... On y prie, autant dire, jour et nuit. Il faut, en effet, avant que
Pâques se lève, que le clergé de chaque paroisse,
sinon chaque fidèle zélé, ait lu ou psalmodié l'Ancien Testament, tout le Nouveau, sans compter les
gloses essentielles de quelques docteurs et les
épîtres de quelques apôtres.

Le mercredi saint, les prêtres vont, en proces-
sion, couper au bord du plus prochain marécage, des
joncs longs et plats. Ils les nouent en verges,
qu'ils enveloppent dans des étoffes précieuses.
Ils les placent ensuite sur l'autel, en long, devant
le tabernacle, « afin que toute la prière tombe
dessus ».

Le vendredi saint, on déplace ces pieux faisceaux
— (ils sont censés représenter la brindille verte que
la colombe rapporta aux passagers de l'arche), —
on les dépose au pied d'une croix de supplice

[269]

érigée à la porte de l'église. On crie, cinq cents fois, vers les quatre points cardinaux :

« *Kyrie Eleison !* »

On veille, la nuit entière, dans le jeûne, dans les exaltations; enfin, à l'aurore la voix d'un jeune diacre s'élève en chant d'alouette.

Elle module dans le silence :

« Le Seigneur a fait la paix par sa Croix... »

C'est alors sur tous ces prêtres, ces moines, ces croyants, que le jeûne et l'oraison épuisent depuis des jours, comme une chute de rosée. On se félicite, on se donne le baiser de paix. Le règne du Dieu Vengeur est fini; les jours de la Grâce et du Pardon recommencent. On délie les joncs, symboles de cette renaissance; on les distribue aux assistants; on va les porter dans les maisons. Ceux et celles qui les ont reçus les nouent en bandelettes autour de leurs fronts et de leurs chevelures.

Mais il reste à chaque église le souci d'accomplir un devoir qui, pour elles, est un honneur : elles se mettent en route dans la gloire de leurs ornements sacerdotaux, de leurs chants, et de leurs musiques, pour apporter à l'Empereur le jonc de la Miséricorde. C'est la cérémonie magnifique qui couronne ce jour de réjouissance. Le peuple, en souvenir de ses aïeux d'Israël, l'appelle « le jour des azymes »; la langue sacrée, le gheez, le nomme la « Pâque des Juifs ».

III

Toutes les ambassades avaient été, plusieurs jours à l'avance, conviées à cette réception de gala. Il est de tradition qu'elles en profitent pour apporter au Souverain les vœux des gouvernements qu'elles représentent.

Nous étions donc réunis, ce samedi 9 avril 1904. dès dix heures du matin, dans l'immense salle à trois travées, dite de « Adérache », que Ménélik a fait construire pour communier avec ses chefs et ses soldats dans la largesse des repas dominicaux que l'on nomme « guébeur ».

Le jour où cette halle immense a été inaugurée, le Négus réussit à y faire entrer dix mille hommes. Il est facile, en tous cas, d'y asseoir quatre mille convives, autour de ces corbeilles multicolores dont se servent comme de tables cinq ou six soldats accroupis en tailleurs, sur leurs jambes croisées.

Mais, en ce jour de Pâques, il n'y avait pas une

seule corbeille qui traînât dans l'Adérache. L'impérial vaisseau était silencieux, vide, une clarté très douce, tamisée, irisée par les vitraux, éclairait le dais de pourpre et d'or sous lequel le Négus apparaissait, assis, entouré de ses officiers, de ses favoris, de sa cour, son visage sérieux tourné vers la porte immense et lointaine, où se découpait dans la lumière pâle un fond de tableau aux lignes et aux couleurs préraphaéliques.

Sur l'estrade royale, à gauche du Trône, des fauteuils avaient été disposés pour les invités du Négus, pour les ministres et pour leurs suites. La droite était occupée par le premier personnage religieux du pays : l'Aboun.

IV

Une curieuse figure, cet « Aboun Mathéos » qui dans sa personne exotique, incarne ici une tradition vieille de seize cents ans.

C'est, en effet, vers l'an 350 du Christ, que l'Abyssinie, nouvellement conquise au Christianisme, emprunta à un couvent alexandrin, son premier évêque. Depuis lors, la succession des évêques égyptiens n'a pas été interrompue sur la chaise patriarcale d'Ethiopie.

Celui-ci évoquait pour moi la chère figure d'Alphonse Daudet. Même profil ; même port de barbe, légère et bien distribuée, même reflet d'or pâle sur le visage et sur les mains.

L'Aboun Mathéos était coiffé d'une sorte de turban noir, discret, gonflé comme un bourrelet que recouvrait, en chute de mantille, un pan d'étoffe violette. La verdeur décolorée du jonc de Pâques faisait un liseré fin entre cette tache sombre et son front.

Largement assis dans les pans d'une robe de velours noir, l'Aboun semblait moins un prêtre qu'un dignitaire de Venise posant devant quelque Titien. Son regard, un peu las, errait de l'Empereur à la porte par où allaient entrer les prêtres.

V

Il y a à Addis-Ababâ et dans sa banlieue cinq églises paroissiales : Mariam, qui est l'église de la Vierge ; les sanctuaires des Archanges Raguel et Ouriel ; Saint-Salassié, c'est-à-dire La Trinité ; Saint-Georges, martyr. Chacune de ces importantes paroisses entretient, outre son grand prêtre, ses prêtres, ses diacres, ses sous-diacres, quatre ou cinq cents lévites, qui jouent exactement dans la vie religieuse, les rôles qu'ils tenaient jadis dans le Temple.

Tous ces cortèges s'étaient mis en marche dès le petit jour.

Il était à peu près dix heures et quart quand le clergé de Mariam fit son entrée dans l'Adérache. Cette église a le pas sur les autres, parce que l'Empereur l'a fondée la première, quand il a transporté sa capitale d'Ankober à Entotto.

A part les chants, ces cinq « numéros » sacrés se répétèrent avec une monotonie toute asiatique. Mais à la minute première de l'entrée, lorsque ces étranges revenants de la Bible franchirent, dans une lumière vraiment irréelle, la porte du Palais, un murmure d'admiration monta à toutes les lèvres.

A une telle distance, ces personnages étaient réduits à des tailles d'enfants. Leur flot pressé se répandait dans l'Adérache, barrait toute sa largeur. Ils avançaient sur dix ou vingt rangs, d'une marche qui semblait pressée, mais qui, toute développée en hauteur, « steppait » sur place.

Sous les mousselines d'un blanc éblouissant, qui faisaient toutes ces têtes pareilles, qui se croisaient sur les fronts, qui descendaient jusqu'aux sourcils, on devinait des formes rigides, hautes comme des turbans de La Mecque, plates comme des bonnets de juges. En masse ces lévites étaient vêtus de la toge blanche à bande pourpre, laquelle, sur cette montagne abyssine, ressuscite le souvenir du laticlave.

De ces blancheurs nombre d'entre eux émergeaient en casaques de soie et de velours, galonnées, boutonnées d'or. Les harmonies du violet et du vert pâle dominaient.

Cette foule, balancée dans sa marche insensible, se hérissait de cannes longues, minces, à béquilles d'or ou d'argent, les « méquamia ». Elle avançait comme une vague de plus en plus rapide, qui s'enflait, qui se creusait par en dessous, se relevait sur place. C'était une suite de révérences qui s'élançaient, qui reculaient, se haussaient, s'abaissaient, se balançaient, selon les oscillations d'un rythme compliqué.

De cette confusion sacrée, se détachaient des groupes, des gestes, des figures : ici une tête de Jean le Baptiste, posée sur une pèlerine de soie noire, comme sur le plat de la décollation; tout près, un Eliacin brandissait une verge; là-bas, autour d'un pilier, un carré de jeunes lévites, immobiles, le poing sur la hanche, semblaient, ainsi enveloppés dans leurs toges, des amphores aux belles anses. Et, bourdonnant, actif, quelque maître de ce ballet sacré, se démenait au front de la troupe pieuse. Au milieu des harmonies en sourdine de l'Adérache il faisait papilloter la tache crue et violente de sa blouse bouton d'or, — telle, au grand soleil, la fanfare d'une casaque de jockey sur le vert miroir d'un champ de courses.

VI

A chaque entrée d'église, une figure se détachait du chœur.

J'avais vu autrefois, à Saint-Guiorguis, un lévite renouveler, devant le Saint-Sacrement, la danse isolée de David. Ici, c'était le quadrille sacerdotal qui triomphait.

De la foule ondulante sortirent d'abord deux tambourinaires ; ils portaient, en travers de leur corps, deux caisses, l'une plaquée d'or, l'autre d'argent. On les désigne par un nom qui reproduit bien leur étrange sonorité en trois notes : des « qué-bé-ro » Bien qu'on en ait, ils éveillent, pour nos oreilles d'Européens, des souvenirs d'ondulantes Fatmas. Mais nous étions les seuls à nous troubler de ces souvenirs. Ces peuples, plus primitifs, n'ont point deux façons de se réjouir : ils roulent les hanches, sans inquiétude pour le divertissement de la chair, comme en l'honneur du Très-Haut.

Donc trois prêtres avancèrent de face, tenant
d'une main le « sénassel », cette archaïque
castagnette métallique qui semble un mors avec sa
gourmette. Les mains droites élevaient les cannes
sacrées ; elles les pointaient vers le Trône, comme
si elles visaient l'Empereur immobile et assis.
Trois autres prêtres faisaient vis-à-vis. Les deux
groupes finirent par se traverser, exactement
comme dans notre pas-de-quatre. Alors, les batte-
ments de mains à bras tendus, — moitié suppli-
cations, moitié soutiens de la mesure, — accompagnèrent, de plus en plus rapides, le chant et les
balancements rythmiques. Le jeûne et la musique
surexcitaient tous ces hommes ; les tambourinaires tournaient sur place ; ils se renversaient en
arrière ; ils laissaient tomber leurs instruments...

Ces danses sont rituelles. Comme dans un con-
cours, chaque église, à son rang, recommence
les mêmes pantomimes. Il n'y a de variété permise
que dans les chants. Chaque paroisse les choisit
dans les Écritures sacrées, en secret des autres,
et il y a une lutte de flatteries bien orientale dans
l'art avec lequel ces élections sont dirigées.

Sans doute, il s'agit de louer Dieu, mais, à travers Dieu, surtout l'Empereur qui écoute.

VII

Je regardais Ménélik tandis que ses prêtres l'encensaient ainsi.

Son visage était aussi immobile que sur ses monnaies, avec cette expression intense, qui, parfois, passait dans ses yeux songeurs, et donnait l'impression qu'au delà des apparences visibles il cherchait à lire dans sa destinée.

Que vit-il à cette heure où, touché de la mort d'un être cher, il entendait ces milliers de prêtres clamer à ses oreilles la certitude de la Résurrection ?

Distinguait-il, au delà de ses souffrances d'homme, au delà de l'agonie de sa lignée, le triomphe définitif de son Royaume ?

Acceptait-il d'avoir semé son chemin de tant d'innocentes victimes pour que, rattachée par lui au pouls de l'Univers, l'Éthiopie reprît son évolution vers la Vérité ?

Eut-il cette vision de cauchemar que la route de fer qu'il a voulu dérouler du haut de sa montagne vers les terres amies, vers la mer commerçante, vers les chances de la civilisation, un jour servirait d'échelle d'escalade à des armées jetées sur son Royaume pour l'exproprier ?

Imagina-t-il que dans son Guébi, lui, le Fils du Sage, le Roi des Rois, le Vainqueur, l'Élu, il finirait, enterré vif, sa pensée obscurcie, sa main liée, sa parole perdue ?

Sourit-il dans sa barbe grêle à cette parole désenchantée du Père de ses Pères :

« Vanité des vanités... »

Je ne l'apercevais que de profil et l'expression totale de son large visage m'échappait. Je vis seulement que, sur ses prunelles longtemps fixes, soudain ses paupières descendaient ; et, lourdement, un peu de temps, elles demeurèrent abaissées, sur le songe intérieur du Lion de Juda.

VIII

Cependant, les danses et les chants étaient
terminés. L'armée des lévites avait été reje-
tée dans la profondeur de la nef. Un mouvement
d'ensemble groupait tous les dignitaires sur un
seul rang.

Ce qui s'alignait devant nous, à cette minute,
ce qui, d'un reflet d'arc-en-ciel, barrait la largeur
de la vaste halle, c'était, entre les dais tremblants,
sous la surcharge des franges métalliques, la
floraison imprévue de parasols en soie vert pré,
d'en-tout-cas aux reflets aquatiques des satins de
Chine. Il y avait là des ombrelles de pourpre, pareilles à cette fleur éthiopienne, un peu héral-
dique, dont je ne sais pas le nom, qui pousse à la
frontière du soleil et de l'ombre au bord des
gorges de torrents. Il y avait des parasols, multicolores comme des toupies-caméléons, juxtaposant
les lés jaunes et les quartiers rouges, les bandes
de lilas avec des triangles de ponceau. Entre ces

éclosions bizarres, s'élevaient sur des hampes, des croix byzantines, ajourées, filigranées, découpées en Asie. Des écharpes diaphanes, des effilochements blancs et lilas, pendaient de ces orfèvreries en cravates de drapeaux.

Pour reposer mes yeux de cette confusion multicolore, je m'efforçai de détailler le costume du diacre qui était le plus rapproché de moi et qui élevait une de ces croix.

Il était coiffé d'une mitre d'or à deux couronnes étagées, que surmontait, en calotte, une troisième couronne, celle-là fermée. Une petite croix ceinte d'un tremblement de franges d'or dominait cette tiare. Un foulard de pourpre, à fleurs en relief, soutenait cette orfèvrerie massive, drapait le maigre visage du lévite. Enveloppé dans un manteau de métal, raide comme une cuirasse, appuyé à la hampe de sa croix, ainsi qu'à une lance, casqué, si rigide dans sa livrée, moitié religieuse, moitié militaire, ce lévite apparaissait comme une évocation de l'Archange saint Michel, Soldat de Lumière au service du Dieu Vengeur.

Soudain, pour la première fois depuis qu'elle s'était adossée à une des piles qui soutiennent l'Adérache, cette étrange figure parut s'animer.

Que se passait-il ?

IX

L'EMPEREUR venait de descendre de son lit de parade. L'Aboun s'était porté à sa rencontre. On les entourait de voiles : Ménélik allait baiser la croix que lui présentait son prêtre.

C'était la fin.

Modestement assis sur la dernière marche du Trône, comme un chrétien qui vient d'accomplir l'acte d'humilité et qui se range parmi ses frères, maintenant le Roi des Rois avançait la main pour recevoir le Jonc de la Miséricorde.

Ce fut dans cette posture qu'il accueillit les vœux des ministres, de ses invités, de ses fonctionnaires, tandis que le flot des prêtres s'écoulait avec un parfait silence, et que, seuls, dans les hauteurs de l'Adérache, les échos de la salle immense, ébranlés par tant de chants, se renvoyaient encore les dernières vibrations de la prophétie de Raguel :

« Son Royaume sera pour les enfants de ses « enfants. »

CHAPITRE XIII

« JE SUIS BELLE SI JE SUIS NOIRE... »

I

Sur la fin du repas de gala qui, selon la coutume, couronnait les fêtes religieuses, le bruit courut nos tables que, par son téléphone de Diré-Daoua, l'Empereur venait de recevoir une nouvelle dont il était réjoui.

Au travers des fumées du banquet, je le voyais clairement ce mystérieux fil téléphonique, qui, lors de ma première montée à Addis-Ababâ, fut mon réconfort et mon guide. Grâce à lui, j'avais trouvé mon chemin dans la forêt du Tchertcher, escaladé le plateau à la bonne place, échangé une première conversation avec l'Empereur invisible. Que de fois je l'avais relevé de terre, ce téléphone du Négus, et réparé

[285]

avant de m'en servir ! En effet son fil est un perchoir qui tente les oiseaux de toutes couleurs, cacatoès, merles tricolores ; les singes eux-mêmes, totas, gourézas, aiment à se laisser, du haut d'un arbre, tomber sur son élasticité métallique. Et d'autre part, les supports mal équarris qui le soutiennent sont vite reconquis par les puissances de la forêt vierge. De-ci de-là, repoussent des branches malencontreuses, qu'il faut abattre. Enfin, péril plus grave, l'alignement, la régularité monotone des suites de potelets excitent chez les grandes bêtes sauvages une curiosité imprévue. Contre ces supports du téléphone impérial les sangliers phacochères aiguisent leurs défenses, les libres éléphants frottent leur dos rugueux. Sur quoi le poteau vacille, la parole qui volait tombe à terre : momentanément la communication est interrompue entre le Roi des Rois et le Vingtième Siècle.

Mais aujourd'hui rien de pareil ne s'était produit. Le téléphone avait fonctionné à miracle. Comme une ode au souverain il avait transmis cette nouvelle émouvante :

« Serkis vient de débarquer en gare de Diré-Daoua avec la locomotive et ses accessoires. »

II

Un mois plus tard je reçus l'invitation que Ménélik m'avait annoncée.

L'Empereur se mettait en route avec l'apparat et les déploiements d'une vraie partie de plaisir. Je ne me souvenais pas d'avoir vu tant de chevaux caparaçonnés d'argent, de mules couvertes de housses précieuses, de pèlerines de soie, de toges brodées de pourpre.

Tous les dignitaires soucieux de faire leur cour au Souverain, tous les princes, avaient tenu à honneur de figurer dans ce cortège. On contait que, tant à l'aller qu'au retour, on serait quatre ou cinq jours sur la route.

Il n'était pas question de faire subsister tant de gens sur le pays et tout le monde ne pouvait pas s'asseoir à la table du Négus. On amenait donc avec soi ses « services » et, comme on aurait dit au dix-huitième siècle, ses « maisons », au complet.

Ménélik, pour sa part, ne mobilisait pas moins de sept à huit cents cuisinières. Elles étaient en grand nombre jeunes et accortes, toutes pourvues d'un mulet fringant, et d'un soldat qui officiellement avait charge de conduire leurs mulets. En cours de route, les soldats montaient sur le mulet, en croupe derrière les cuisinières. Cela mettait tout le long du chemin de la gaieté et du pittoresque.

Le premier soir on campa au lieu dit « Ensalalé ». Le couvre-feu avait été sonné de bonne heure ; mais, le camp ne dormait que d'un œil. En effet le Négus ne faisait jamais connaître à personne l'heure à laquelle le lendemain il comptait se mettre en selle. Et, malicieusement, il jouissait de la mine des courtisans levés, trop tôt, qui s'étaient engagés dans une direction fausse.

III

Je m'étais levé avec l'aurore, je chassais le canard au bord du lac Kilolé quand un cavalier accourut, bride abattue, m'avertir que l'Empereur levait son camp.

Ménélik venait de recevoir l'avis que la locomotive était proche.

Je passai par le faîte de la montagne, et, sur les neuf heures, je rejoignis Sa Majesté.

Déjà Elle était installée au sommet d'une côte qui dévalait vers une gorge assez profonde. Du côté opposé la pente remontait vivement dans la lumière levante, jusqu'au ras du ciel.

Sur cette terrasse, la foule s'était groupée en un immense fer à cheval : foule d'élite, certes, où fourmillaient les Ras, les Grazmatchs, les Dedjazmatchs, les Fitéoraris et ces personnages qui se nomment « Bouches du Négus », « Main du Négus ».

L'Empereur était assis au centre sur un petit pliant.

Il était coiffé de ce chapeau gris, large, en feutre rigide, aux rebords intérieurement doublés de vert, qu'il faisait fabriquer en Europe pour son usage exclusif. En tout pays du monde, le Souverain lance les modes. Les Grands du Royaume qui entouraient Ménélik s'étaient donc, eux aussi, coiffés de chapeaux gris. L'Empereur tenait à la main une lunette d'approche : de temps en temps il y mettait l'œil, et, aussitôt, tous les personnages de distinction qui possédaient des instruments analogues, de les braquer vers le fond de la gorge.

Ce fut à ce moment que le Négus m'aperçut et m'appela :

— J'espère, dit-il, que tu as apporté une jumelle photographique ? Personne ici n'en est pourvu et je voudrais garder un souvenir de cette rencontre.

Je montrai le petit appareil que je portais en bandoulière et demandai la permission d'aller me placer, — contrairement à toute étiquette, — en travers du rayon visuel de Sa Majesté, au milieu du chemin, afin, certes, de photographier la locomotive quand elle apparaîtrait au sommet de la côte, mais aussi pour saisir le mouvement que le Souverain ferait vers elle.

Déjà, arrivait jusqu'à nous le chant confus des milliers d'hommes qui, dans la piste poudreuse, traînaient le pesant engin. Déjà la tête du cortège atteignait la terrasse où nous étions massés.

Ce qui passa d'abord, porté sur les épaules d'une

tourbe d'esclaves, ce furent deux selles d'éléphants, magnifiquement cloutées d'argent. De son gouvernement de l'Inde l'Angleterre les envoyait en présent au Roi des Rois. Les harnais des bêtes formidables qu'Alexandre le Grand monta dans son raid à travers l'Asie, reparaissaient ici fort à propos en avant-garde de ce monstre moderne qui marche à la conquête du total Univers. Puis ce furent deux wagonnets tirés à bras. Puis des roues de rechange. En apercevant leur Empereur les hommes qui étaient dans les traits chantaient et dansaient par milliers. Ils voulaient exprimer leur joie d'obéir. Ils semblaient enivrés d'une exaltation sacrée.

Chaque contrée, chaque province traversée, avait fourni son contingent de convoyeurs. Leur corvée finie, ces gens étaient libres de retourner en arrière, mais, une fois sortis du harnais, le plus grand nombre d'entre eux s'étaient joints aux porteurs. Ainsi c'étaient des échantillons de toutes les races échelonnées sur les contreforts de l'Éthiopie orientale qui défilaient là.

Cependant, au-dessus de cette armée grouillante, au-dessus de ces chants et de ces gesticulations, nous voyions monter, disparaître, selon les tangages de la route, un large drapeau éthiopien. Sa hampe était plantée dans le corps même de la locomotive routière.

Quand elle parut enfin, la dernière, au sommet

de la côte, une acclamation immense éclata. Ce fut un tumulte d'élément, comme lorsque la mer crève une digue, reprend sa vague, et la relance à l'assaut.

Cette fois, Ménélik s'était levé. Au-devant de cette messagère de tous les progrès qu'il avait tant désiré contempler en face, et que sa volonté hissait enfin au sommet de la montagne, il fit un pas.

On m'a dit qu'à cette minute le Négus avait murmuré :

— J'aurais cru qu'elle serait plus grande...

Il s'étonnait qu'au garrot cette machine miraculeuse ne fût guère plus haute que les éléphants qu'au temps de sa jeunesse il avait fait crouler sous ses balles. Puis, comme sa puissante cervelle était pleine de réflexions lentes et solides, après la surprise première, il admira le génie de l'homme qui recourt à des moyens si modestes pour développer des progrès infinis.

IV

Mais déjà la foule s'ouvrait. Elle faisait place à un homme que l'on entourait, que l'on poussait, que l'on soulevait presque, au triomphateur du jour, l'audacieux Serkis.

L'officier russe que Ménélik avait chargé d'improviser une piste entre Diré-Daoua et Addis-Ababâ venait de me confier à l'oreille que la gloire de Serkis serait de peu de durée.

A Diré-Daoua on avait vainement essayé de mettre en marche la locomotive routière. Les ingénieurs du chemin de fer avaient épuisé leur mathématique, les mécaniciens leur huile. Il était probable qu'elle ne roulerait jamais et que l'Empereur en serait réduit à construire une remise pour lui donner ses invalides.

Mais Serkis n'était pas l'homme des lendemains. Le succès du jour suffisait à sa philosophie ; et il comptait ne pas ajourner l'heure de la rétribution.

Aussi bien, avait-il présentement le droit de

s'enfler de sa réussite. Grâce au peuple de haleurs que la volonté souveraine avait mis à sa disposition, il ne lui avait pas fallu plus de vingt-huit jours pour hisser à cette altitude de deux mille cinq cents mètres cette locomotive de dix tonnes, ces selles à éléphant qui pesaient, chacune, trois cents kilogrammes. On avait passé les torrents et les fleuves au-dessus du vide, sur des câbles, tendus d'une berge à l'autre, comme des rails.

Je ne l'ai pas oubliée non plus cette minute qui mit en présence le Roi des Rois et le courtier marron de la Méditerranée. C'était bien la première fois de sa vie que Serkis touchait la main du Maître. A cette minute les nuances compliquées de son âme orientale remontaient à la surface de son large visage ruisselant de joie et de sueur.

Et aussi bien ce que nous avions là sous les yeux, c'était la vivante illustration de cette fable, vieille comme la sagesse des hommes : *Le Lion et le Renard.*

V

DANS la confusion de peuple, de soldats, de chevaux, de mules qui s'étaient jetés derrière la machine, et qui maintenant l'accompagnaient jusqu'à l'étape du camp, le cortège impérial avait perdu sa solennité réglée. Je me trouvai auprès du ras Makonnen que des remous de foule avaient séparé de l'Empereur.

Malgré sa faiblesse chaque jour aggravée, le Ras avait voulu se rendre à l'invitation de son Souverain.

Il me sourit avec une lassitude qui dépassait l'usure de ses forces et découvrait le détachement de son âme.

— Eh bien ! dit-il, nous venons d'assister à un spectacle qui aura sa date dans l'histoire de l'Éthiopie (1). L'Empereur n'ignore pas, croyez-le bien, que cette vieille routière n'est que le fantôme

(1) Le 18 mai 1904. Voir à la fin du volume note D.

[295]

de la locomotive qui siffle encore au bas de la montagne. Il l'accueille avec une joie sans ombre. L'Empereur n'a pas vu, comme moi, les royaumes d'Europe ! Il n'a pas frissonné au contact de la civilisation. C'est lui qui est le Fils du Sage ! Sans doute Dieu lui prodigue des clartés qui, à nous autres, nous manquent. Dieu le conduit vers sa destinée. Pour moi, tout à l'heure, lorsque l'Élu de Juda a fait un pas pour se rapprocher de cette Reine de la Force, j'ai eu une vision. Il m'a semblé que les temps recommençaient. Je la revoyais, l'heure où Salomon se leva de son Trône pour aller au-devant de cette Reine, qui, elle-même, venait vers lui à travers tant de mers et de déserts.

Tandis que le Ras parlait, ses yeux étaient pleins de lumière. A demi-voix il murmura cette louange du psaume :

— Je suis belle si je suis noire...

FIN

NOTES

NOTE A

Dans le Manuscrit de Théodoros l'histoire de la Reine de
Saba, de Salomon et de leur fils, ne se clôt pas sur cette
phrase « Ainsi tout fut réglé ». On lit encore :

« Et les limites des Provinces du Royaume d'Éthiopie
étaient ainsi :

« Vers l'orient le premier de ses apanages était Gaza,
« dans la Judée, dépendance de Jérusalem ; il s'élevait vers
« la mer d'Iarico ; il longeait cette mer jusqu'au Liban et
« jusqu'à Soba. Il descendait jusqu'à Bississe et à Asnet.
« Il montait au pays des nègres qui vont nus. Il s'enfonçait
« dans le pays de Kébérénéouonion, jusqu'à la Maison des
« Ténèbres, c'est-à-dire jusqu'au coucher du Soleil. Sa
« pointe atteignait Fénéel et Sofala ; elle s'approchait du voi-
« sinage du Paradis Terrestre, là où il y a du pâturage et
« beaucoup d'animaux. Et dans le Finekenet il montait jus-
« qu'à Zaoul. Il dépassait la Mer de l'Inde, il poussait jus-
« qu'à la mer de Tercès. Sa limite était dans le pays de
« Medyam jusqu'à ce qu'il rejoignit le pays de Gaza. Ainsi
« la limite revenait là où elle avait commencé.

« Tel fut le Royaume du Roi d'Éthiopie, pour lui et pour
« ses descendants, dans l'Éternité. »

J'ai supprimé ce post-scriptum qui est une adjonction de
copiste, manifestement très postérieure au texte primitif.

NOTE B

Le Manuscrit dit « de Théodoros » qu'Hailé-Mariam et moi nous avons eu entre les mains, serait, au dire des Éthiopiens, Négus et prêtres, la plus ancienne copie actuellement connue du poème en prose que l'on vient de lire. De l'auteur même de cet ouvrage si émouvant les Éthiopiens n'ont rien à dire. Je n'ai entendu prononcer aucun nom parmi eux, pas même une indication de tradition qui pût orienter les recherches.

Par compte il n'est pas impossible d'indiquer à quelle date très approximative le « Théodoros » fut copié sur un manuscrit plus ancien, aujourd'hui disparu.

Ainsi qu'il arrive aux peuples qui ne disposent pas de l'imprimerie, les vides laissés au bas des pages par le scribe qui copia le manuscrit ont été remplis au cours des années, par des lecteurs habiles ou maladroits. Le « Théodoros » n'a pas échappé à cette destinée commune. Je renvoie à la Préface que j'ai mise en tête de MAKEDA, *Reine de Saba*, (chez Manzi-Joyant et Cⁱᵉ), ceux qui voudraient étudier cette question dans son détail.

J'indiquerai seulement ici qu'au recto de la page 163 du « Théodoros » (deuxième colonne), un blanc de douze lignes a été utilisé pour inscrire une note commémorative. Il s'agit de l'inauguration de l'église de Gondar que le Négus Iazou avait élevée en l'honneur de la Trinité. En s'appuyant sur cette indication et sur diverses particularités, touchant à la forme des caractères que le scribe a employés, Hailé-Mariam fait remonter au seizième siècle le manuscrit que Ménélik nous confia.

NOTE C

Lorsque, au début du vingtième siècle, Ménélik a vu que le Quai d'Orsay et le Foreign Office s'entendaient pour liquider les difficultés qu'ils avaient, comme ailleurs, en Afrique Orientale, une inquiétude s'est emparée de son esprit. Il a dit aux amis qui l'entouraient :

— Quand les Puissances en auront fini au Maroc, de nouveau elles s'occuperont de nous. De quelle façon ? Pour nous mettre en pièces ? Pour nous aider dans notre conquête des progrès ? J'ai intérêt à le savoir.

Dans ces préoccupations le Négus entra en coquetterie avec l'Allemagne, avec les États-Unis eux-mêmes. Il avait eu vent d'un projet de partage dans lequel la Suisse Africaine, sur laquelle il a régné, qui fonde ses villes à trois mille mètres en l'air, était traitée comme une Pologne. Il souffrait de penser qu'au moment de peser un tel projet l'Europe ignorait tout de l'âme éthiopienne, de son évolution au travers des siècles de ses aspirations présentes. Il avait la conviction que la France lui serait finalement un appui. Elle lui apparaissait fidèle à sa destinée spirituelle dans le mouvement par lequel elle s'oppose à ce qu'on efface une patrie, et demande que l'on aide un peuple jeune, conscient de sa destinée morale, à évoluer sous la protection et sous le contrôle de la civilisation.

NOTE D

Ménélik dit en termes exacts au Ras Makonnen, qui me répéta le propos quelques jours plus tard :

— Je sais bien que nous ne verrons rien de sérieux ici tant que le chemin de fer de Ilg et de Chefneux n'aura pas escaladé le plateau.

TABLE DES MATIÈRES

			Pages.
Chap.	I.	— Le Pays des Métis	7
Chap.	II.	— Le Roi des Rois	39
Chap.	III.	— Une Fille du Négus	53
Chap.	IV.	— La princesse Pluie-d'Or	67
Chap.	V.	— Mon ami Hailé-Mariam	87
Chap.	VI.	— Makéda, Reine de Saba	127
Chap.	VII.	— Le Fils du Sage	151
Chap.	VIII.	— L'Arche d'Alliance	173
Chap.	IX.	— L'Amour et la Science	209
Chap.	X.	— Une Veillée	229
Chap.	XI.	— Le Deuil des Lions	241
Chap.	XII.	— Le Jonc de la Miséricorde	267
Chap.	XIII.	— Je suis belle si je suis noire	285

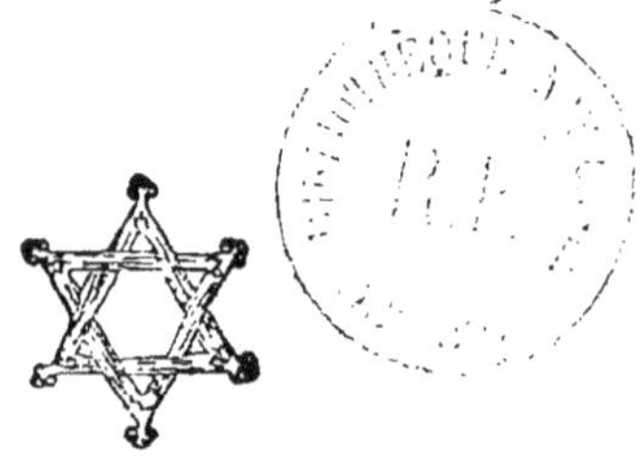

3832. — Tours, imprimerie E. Arrault et Cᵉ.

ERNEST LEROUX, ÉDITEUR
28, RUE BONAPARTE.

SET (René). FOTOUH EL-HABACHA. Histoi
nquête de l'Abyssinie par Chihâb eddin Ahmed
d el-Qâder, surnommé 'Arab Faqih. Texte, traduction
notes. 2 vol. in-8.
exte arabe. Fascicules I à V. . . . . . . 28 fr
raduction. Fascicules I à VI. . . . . . . 20 fr
INE (M.). Catalogue des manuscrits éthiopiens de
llectio Antoine d'Abbadie à la Bibliothèque nationale
8 . . . . 10 fr
atalogue des manuscrits éthiopiens de la collection Mo
h-Vidaïlhet, à la Bibliothèque nationale. In-8. 3 fr
ÉVY (J.). La guerre de Sarsa-Dengel contre les Fala
as. Extrait des Annales de Sarsa-Dengel, roi d'Éthiopie
63-1597). Texte éthiopien et traduction en français et en
breu. In-8. . . . . 7 fr. 50
RUCHON (J.). Vie de Lalibala, roi d'Éthiopie. Texte
hiopien, publié d'après un mss. du Musée britannique et
duction. In-8. . . . . 10 fr. »
BOKHARI. Les traditions islamiques traduites de
rabe par O. Houdas. 4 vol. in-8. Chacun . . 16 fr. »
TRIES (comte Henry de). Les moralistes populaires de
slam. I. Les gnômes de Sidi Abd er-Rahman et Medje-
ub. In-18 . . . . 3 fr. 50
Moulay Ismaïl et Jacques II. Une apologie de l'Islam par
sultan du Maroc. In-8, portraits et fac-sim. 5 fr. »
RMESTETER (J.), professeur au Collège de France. Le
hdi, depuis l'origine de l'Islam jusqu'à nos jours
-18. . . . . 2 fr. 50
IENBOURG (H.) de l'Institut. L'Islamisme et la science
s religions. In-18 . . . . 2 fr. 50
SSAUD (R.). Les Arabes en Syrie avant l'Islam. In-8
. . . . 7 fr. 50
UDAS (O.) L'islamisme. Nouvelle édition. In.18 3 fr. 50
CHATELIER, professeur au Collège de France. Les
nfréries musulmanes du Hedjaz. In-18. . . 5 fr. »
SSAUD (René). Introduction à l'histoire des religions
-18 . . . . 3 fr. 50
DERSON. Mythologie scandinave. In-18. . . 3 fr. 50
VILLE (Ed.), de l'Institut. La religion des anciens Égyp-
ens. In-18 . . . . 3 fr. 50
NEL (Ch.). Les religions de la Gaule avant le christia-
isme. In-18. . . . . 3 fr. 50

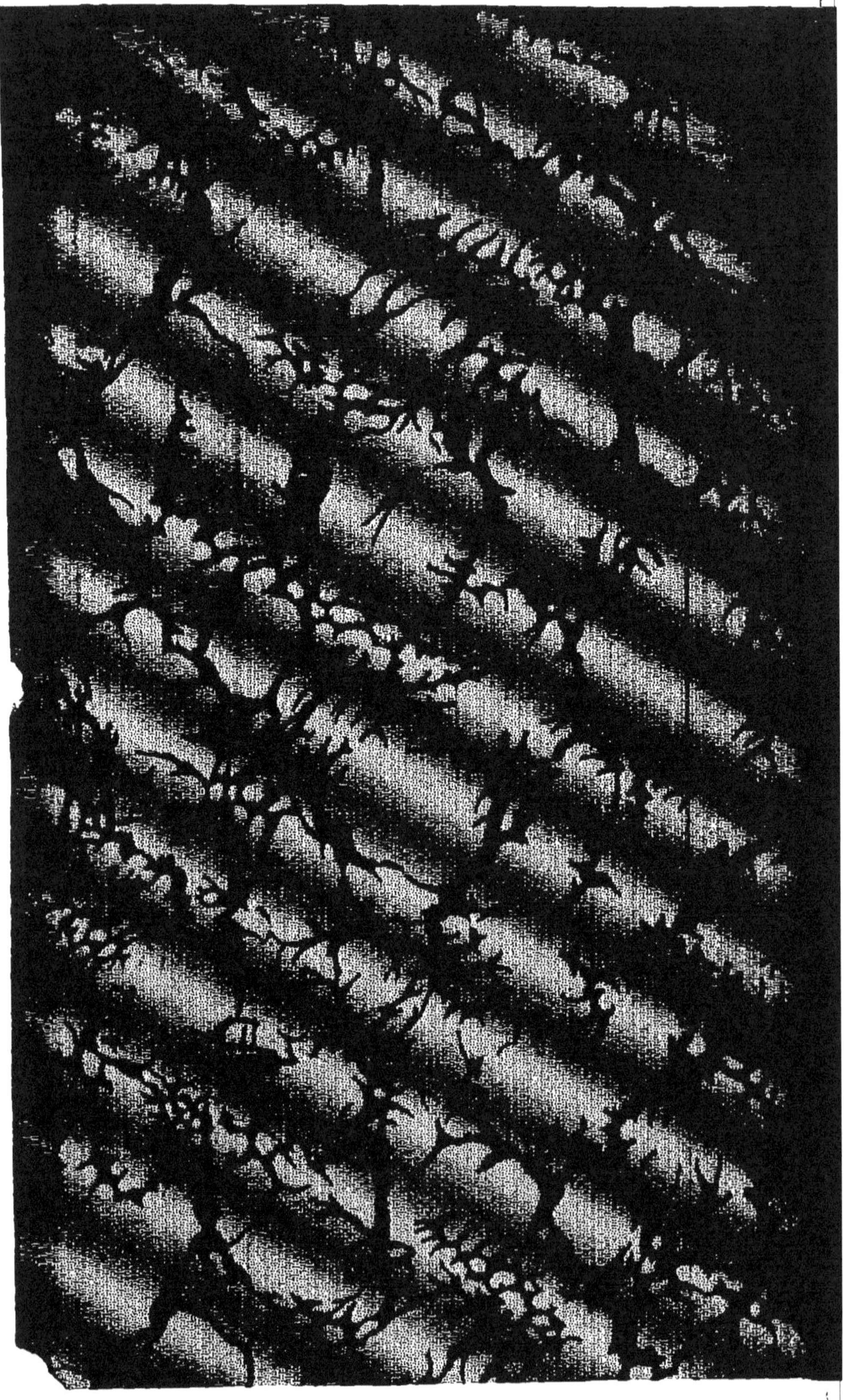

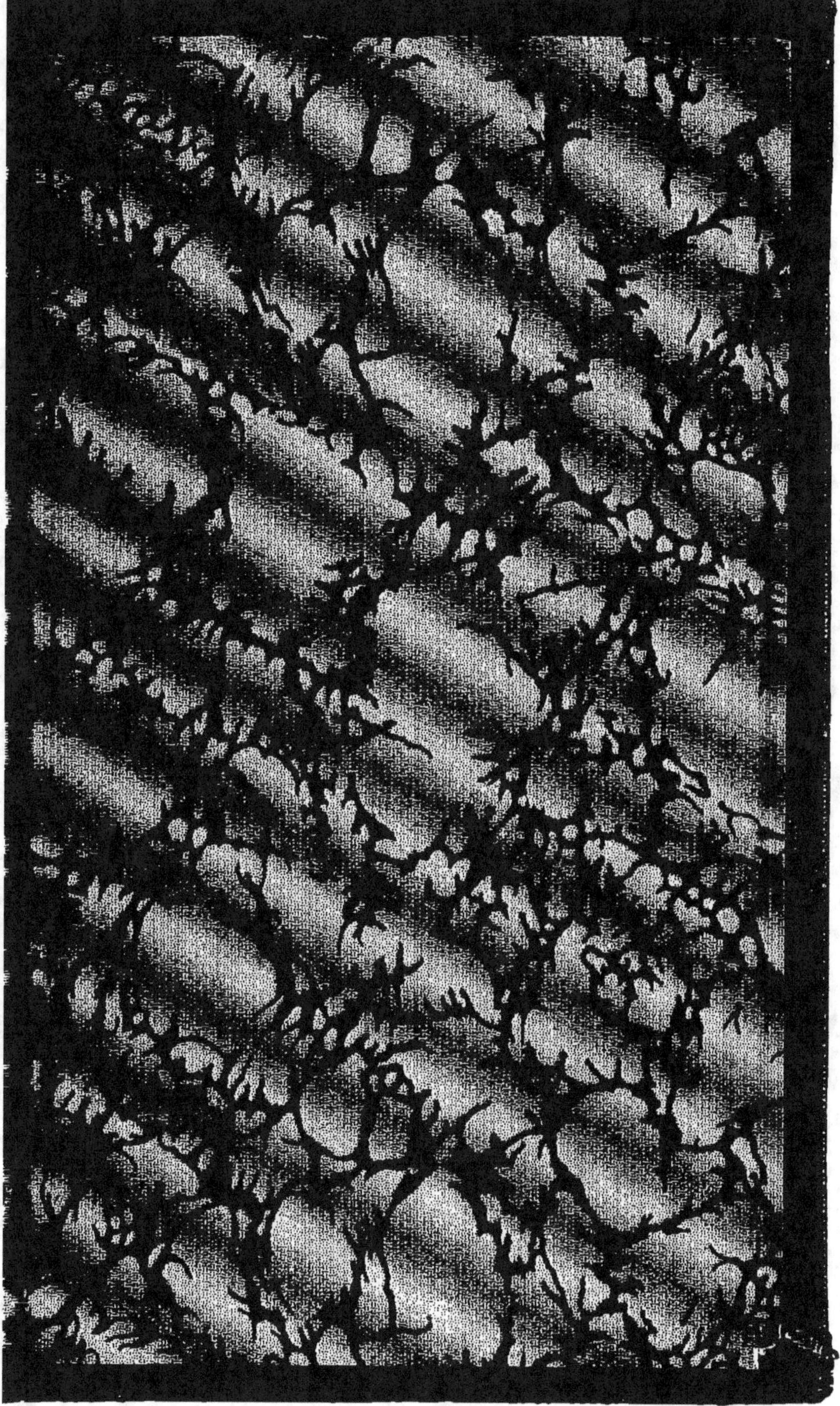